novum premium

AF162529

Joachim Otto Mahrer

Christentum für alle

novum premium

www.novumverlag.com

Bibliografische Information
der Deutschen Nationalbibliothek:

Die Deutsche Nationalbibliothek
verzeichnet diese Publikation in
der Deutschen Nationalbibliografie.
Detaillierte bibliografische Daten
sind im Internet über
http://www.d-nb.de abrufbar.

Alle Rechte der Verbreitung,
auch durch Film, Funk und Fernsehen,
fotomechanische Wiedergabe,
Tonträger, elektronische Datenträger
und auszugsweisen Nachdruck,
sind vorbehalten.

© 2019 novum Verlag

ISBN 978-3-903271-21-0
Lektorat: Bianca Brenner
Umschlaggestaltung, Layout & Satz:
novum Verlag

Gedruckt in der Europäischen Union
auf umweltfreundlichem, chlor- und
säurefrei gebleichtem Papier.

www.novumverlag.com

Inhaltsverzeichnis

I Einleitung 7
1 Christ sein oder nicht, das ist hier die Frage 7
2 Einmal Christ, immer Christ 13
3 Mit 70 nach der Wahrheit suchen 15

II Christentum für alle 20
1 Konfessionelles Christentum 22
2 Säkulares Christentum 25
2.1 Bedingungen 25
2.1.1 Legitimität 26
2.1.2 Öffentliche Anerkennung 34
2.1.3 Redlichkeit 39
2.1.4 Moral 41
2.1.5 Freiwilligenarbeit 57
2.1.6 Organisation 60
2.2 Erwerb der Mitgliedschaft 61
2.3 Vorteile 63
3 Die Zeit drängt 65

III Neue Kirchenstruktur 66
1 Heutige Struktur 66
2 Vorgaben 72
2.1 Vision 72
2.2 Grundaufgaben 77
2.3 Trennung vom Staat 78
2.4 Neue Struktur 81

3 Planrechnung 88
3.1 Einnahmen 88
3.2 Ausgaben 91
4 Realitätscheck 95

Literatur 98

I Einleitung

1

Christ sein oder nicht, das ist hier die Frage[1]

Die Frage nach dem Christsein ist nicht neu. Die wohl berühmteste Antwort darauf finden wir bei Johann Wolfgang von Goethe (1749–1832) in der Tragödie „Faust". Margarete, genannt Gretchen, will es von Doktor Heinrich Faust genau wissen: „Nun sag, wie hast du's mit der Religion? Du bist ein herzlich guter Mann, Allein ich glaub, du hältst nicht viel davon." Faust weicht der Frage aus. Für Gretchen ist damit klar: „Denn du hast kein Christentum."[2]

Hat Gretchen recht? Wer nicht religiös ist, hat kein Christentum, ist kein Christ, obwohl er möglicherweise ein herzlich guter Mensch ist? Gretchen würde auch mich als Nichtchristen bezeichnen. Ich bin nicht religiös und gehöre keiner Kirche an. Aber wen interessiert schon Gretchens Meinung? Mich kümmerte sie jedenfalls nicht, bis meine Mutter im Sterbebett lag und in letzter Minute eine überraschende Kehrtwende machte. Und plötzlich ließ mich die Frage nach dem Christsein nicht mehr los. Die christlichen Kirchen sind sich mit Gretchen einig und beantworten die Frage nach dem Christsein schnell und selbst-

---

1 In Anlehnung an Shakespeare, William: Hamlet, Akt III, Szene 1: „Hamlet. To be, or not to be: that is the question.", in: Shakespeare's Hamlet, Edited by Sidney Lamb, Forster City 2000, 103
2 Goethe, Johann Wolfgang: Faust. Teil 1: Eine Tragödie/Nach der Originalhandschrift von Johann Holtz, Zollikon b. Zürich 1929 (Graphische Kunstanstalt P. Bender), Exemplar der Schweizerischen Nationalbiblilothek Bern, keine Seitenzahlen

bewusst: Christ ist, wer sich zu Jesus Christus bekennt. Der Begriff „Christentum" ist ein Bekenntnisbegriff. Die Begründung der Kirchen: Christentum kommt von Jesus Christus und von nirgendwo sonst. Jesus Christus und Christentum bilden eine Einheit, die untrennbar ist. Der bekannte Theologe Hans Küng (geb. 1928) bringt es auf den Punkt: „Das unterscheidend Christliche ist der Christus Jesus selbst."[3]

So weit so gut! Die kirchliche Doktrin ist einleuchtend und verständlich, aber sie schafft Probleme, welche das gesamte Christentum in seiner Existenz bedrohen.

Das erste Problem:
Nichtreligiöse Kirchenmitglieder
sind keine Christen

Die Zahl ist gewaltig: Die Hälfte aller Mitglieder der römisch-katholischen Kirche und der evangelisch-reformierten Landeskirche in der Schweiz glaubt heute gar nicht mehr an einen Gott. Jedes zweite Kirchenmitglied, und ich wiederhole, jedes zweite Kirchenmitglied ist der kirchlichen Doktrin folgend kein echter Christ mehr. Jetzt aber einmal Hand aufs Herz! Welchem Kirchenmitglied käme es je in den Sinn, sein eigenes Christsein in Frage zu stellen? Vermutlich keinem einzigen. Auch nichtreligiöse Kirchenmitglieder bezahlen Kirchensteuern in der festen Gewissheit, echte Christen zu sein. Die Gewissheit ist aber, wie wir sehen, eine falsche. Und was machen die Kirchen? Nicht das, was sie tun sollten. Sie müssten den nichtreligiösen Mitgliedern die Augen öffnen und die Wahrheit sagen. Tatsache ist: Die Kirchen haben Angst, noch mehr Mitglieder zu verlieren, schweigen das Problem lieber tot und halten die Steuerhand weiter offen.

---

3 Küng, Hans: 20 Thesen zum Christsein, München 1975, 5

Das zweite Problem: Konfessionslose können keine Christen mehr sein

Viele Kirchenmitglieder stehen zu ihrer Nichtreligiosität und verlassen die Kirche. Sie wollen aber auch als Konfessionslose weiterhin Christinnen und Christen sein. Ihr Verständnis von Christsein ist ein ganz anderes als dasjenige der Kirchen: Nicht Jesus Christus ist das unterscheidend Christliche, sondern die vorbildliche Lebensführung in der säkularen Gesellschaft nach einem christlichen Menschenbild mit Werten wie Gerechtigkeit und Gleichheit. Der Begriff „Christentum" ist in den Augen der Konfessionslosen nicht mehr nur ein Bekenntnisbegriff, sondern auch ein Kulturbegriff. Die Konfessionslosen stellen sich auf den Standpunkt, dass die Einheit von Christentum und Jesus Christus im 20. Jahrhundert auseinandergebrochen ist. Aber so sicher sind sich die Konfessionslosen halt auch nicht. Die Frage der Legitimität sitzt ihnen tief im Nacken, ein ganzes Bündel voller Widersprüche:

» Christliche Kirchen, die ihre eigene Doktrin nicht ernst nehmen,

» Mitglieder einer Kirche, die sich ungeniert als Christen bezeichnen, obwohl sie nicht religiös sind und

» Konfessionslose, die Christen sein wollen, aber nicht wissen, ob sie das überhaupt sein dürfen.

Die Kirchen haben kein Interesse daran, die Widersprüche aufzudecken und einen Brandbeschleuniger in Gang zu setzen. Sie schließen zwar die Konfessionslosen vom Christentum aus, nicht aber ihre eigenen Mitglieder. Sie nehmen damit in Kauf, dass der Begriff „Christentum" immer schwammiger und löchriger wird. Wer weiß heute noch, was Christentum genau bedeutet? Ein Bekenntnisbegriff steht in Feindschaft mit einem Kulturbegriff. Ich mache mich nach dem Studium an der Theologischen Fakultät der Universität Bern im Herbst 2017 selbst auf den Weg, eine Antwort zu finden. Schnell wird mir einmal klar, dass es nur zwei Lösungswege geben kann, die konsequente Durchsetzung der kirchlichen Doktrin oder einen offenen Zugang zum Christentum für alle Menschen, auch für die nichtreligiösen.

Der erste Lösungsweg: Die kirchliche Doktrin wird konsequent umgesetzt

Die kirchliche Doktrin macht den strikten Ausschluss der nichtreligiösen Mitglieder vom Christentum notwendig, auch der Kirchenmitglieder, mit fatalen Folgen. Die Säkularisierung der westlichen Gesellschaften ist nicht mehr aufzuhalten. Immer weniger Leute sind religiös. Mit jedem Menschen, der aufhört zu glauben, verliert das Christentum eine Christin oder einen Christen. Der zunehmende Verlust an Christen führt zwangsläufig zu einem Aussterben des Christentums. Das Christentum darf aber nicht aussterben, vor allem nicht als eine kulturell fest verankerte Lebensform. Die strikte Umsetzung der kirchlichen Doktrin ist der Weg in die Sackgasse.

Der zweite Lösungsweg:
Das Christentum wird allen Menschen geöffnet, auch den nichtreligiösen

Ich kann das Thema „Christentum" drehen und wenden, wie ich will: Die Öffnung des Christentums für alle Menschen, auch für die nichtreligiösen, ist der einzig gangbare Weg, um den Niedergang des Christentums zu stoppen und zugleich die Bedürfnisse aller an ihm interessierten Menschen zu erfüllen. Ich postuliere deshalb einen offenen Zugang zum Christentum. Jedermann soll Christin oder Christ werden können. Das hört sich vorerst einmal sehr schön an, aber ein offenes Christentum zu fordern, ist das eine, das Postulat praktisch umzusetzen, das andere, und das wird nicht einfach sein. Schnell türmen sich ein paar gewaltige Felsbrocken auf, zum Beispiel folgende Fragen:

» Wie kann das Christentum neu gestaltet werden, damit religiöse und nichtreligiöse Menschen diesem beitreten können? Braucht es eine Aufteilung in einen konfessionellen und einen säkularen Teil?

» Sind die christlichen Kirchen mit einer Aufnahme der nichtreligiösen Menschen in das Christentum überhaupt einverstanden? Haben die Kirchen einen Trumpf in der Hand, um die Aufnahme zu verhindern?

» Ist der offene Zugang zum Christentum auch ein freier? Ist das Christsein in Zukunft ein Freipass für eine selbstbestimmte und moralisch fragwürdige Lebensführung oder die verbindliche und verantwortungsvolle Teilnahme an der christlichen Gemeinschaft mit roten Linien, die nicht überschritten werden dürfen?

Falls es uns gelingt, Antworten auf diese Fragen zu finden, steht der Gestaltung eines neuen und attraktiven Christentums nichts mehr im Wege. Dabei wird es zu einem großartigen Revival des Christentums kommen. Mit dem Einzug der nichtreligiösen Menschen finden endlich die liberalen Vorstellungen von Aufklärung und Französischer Revolution ihren festen Platz im Christentum. Und in der Schweiz sind plötzlich 90% der Bevölkerung authentische Christinnen und Christen.[4]

Auch die Kirchen erleben eine Renaissance. Die nichtreligiösen Mitglieder verlassen zwar die Kirchen, weil sie jetzt Christ sein können, ohne Kirchensteuern bezahlen zu müssen, sie reißen allerdings mit ihrem Weggang ein tiefes Loch in die kirchlichen Kassen. Das ist für die Kirchen aber keine Katastrophe, im Gegenteil: Mit dem Weggang der nichtreligiösen Mitglieder können sie sich endlich von allen Widersprüchen und überflüssigen Strukturen befreien und sich ganz auf die Bedürfnisse der religiösen Menschen konzentrieren. Meine Vision ist eine schlanke Kirche, welche ausschließlich der Verkündigung des Evangeliums dient. Der Isenheimer Altar in Colmar mit seinen großartigen Gemälden aus dem 16. Jahrhundert ist ein sehr schönes Beispiel dafür, wie man die Botschaft von Jesus Christus ohne komplizierte theologische Konstrukte einfach und verständlich vermitteln kann. Mit dem Isenheimer Altar im Auge werde ich aufzeigen, wie eine neue, auch betriebswirtschaftlich gesicherte Kirchenstruktur gelingen kann.

Der Fokus meiner Arbeit liegt auf dem Christentum in der Schweiz und den beiden großen christlichen Kirchen, der römisch-katholischen Kirche und der evangelisch-reformierten Landeskirche. Ich bin Schweizer, hier lebe ich, hier kenne ich die gesellschaftlichen Verhältnisse.

---

4 Siehe Kapitel II/2.1.2

2

Einmal Christ, immer Christ

Meine Mutter liegt mit 94 Jahren im Sterben, aber sie kann offensichtlich nicht loslassen. Die Krankenpflegerin meint, sie habe noch „offene Rechnungen" aus dem Leben. Dann der erlösende Anruf. Die Mutter sei jetzt friedlich gestorben, allerdings erst, nachdem sie den Pfarrer gerufen und die Krankensalbung von ihm erhalten habe. Der Schock in der Familie sitzt tief. Die Mutter verlässt in jungen Jahren die römisch-katholische Kirche, Kirchen und Pfaffen sind ihr ein Gräuel. Und nun das! Die Familie kann es nicht fassen, ist ratlos und überfordert. Was mögen die Motive gewesen sein? Hat etwa die Hoffnung auf ein ewiges Leben über die Vernunft gesiegt? Wir werden es nie erfahren. Ich will trotzdem versuchen, eine Antwort zu finden. Zwei Motive sind möglich: Ein religiöses oder Schuldgefühle.

Das erste Motiv: Die Mutter tritt formell aus der Kirche aus, ist aber immer noch religiös. Sie war eine pragmatische, rational denkende und handelnde Person. Wissen und Vernunft lagen ihr näher als religiöse Offenbarungen. Ich habe sie nie beten sehen, auch dann nicht, als ihre Eltern gestorben sind. Ich behaupte, dass die Mutter nicht religiös war. Das religiöse Motiv trifft aus meiner Sicht nicht zu.

Das zweite Motiv: Die Mutter ruft den Pfarrer, weil sie als Christin sterben wollte. Die Mutter wächst in engen, bürgerlichen Verhältnissen auf. Der Erste Weltkrieg ist vorbei, der Zweite steht vor der Tür. Die Grenzen werden geschlossen. Es wird still in der Schweiz. Die kirchlichen Autoritäten greifen immer noch rigoros in das Leben der Menschen ein. Wer die Kirche verlässt, wird gesellschaftlich ausgegrenzt. Er verliert den Status „Christ" und wird zum Feind Gottes und damit auch der Menschen. Hier das Gute, dort das Böse. Die kirchliche Strategie ist ein voller Erfolg. Die Leute wollen nicht ausgegrenzt werden und gehören deshalb einer Kirche an.

Das zweite Motiv scheint mir zuzutreffen. Die Mutter hat unter Schuldgefühlen gelitten, weil sie keine Christin mehr sein konnte. Sie wollte die Schuldgefühle zum Lebensende hin loswerden und als Christin sterben, nicht als Atheistin, Anti-Christin, Nihilistin oder gesellschaftliche Außenseiterin. Sie wollte sich mit der Kirche versöhnen und in Frieden sterben. Es ist das Geschäft der Kirchen mit den Schuldgefühlen, es ist heute aber schwierig geworden. Die Person „Jesus Christus" wird den modernen Menschen, vor allem den jungen, immer fremder und exotischer. Immer mehr Leute verlieren die Religiosität und verlassen die Kirchen. Die Leute wollen aber weiterhin Christinnen und Christen sein. Christsein ist kein Kleid, das man beliebig an- und ausziehen kann. Christsein bedeutet Heimat, Sicherheit, eine gute Lebensform und Identität. Einmal Christ, immer Christ.

3

Mit 70 nach der Wahrheit suchen

Weshalb schreibe ich dieses Buch über das Christentum? Der überraschende Entscheid der Mutter kurz vor dem Tod, die Dienste der Kirche wieder in Anspruch zu nehmen, ist sicher einer der Beweggründe. Zudem missfällt mir, dass sich nichtreligiöse Kirchenmitglieder Christen nennen können, Konfessionslose hingegen nicht. Das Alter spielt auch eine Rolle. Mit 70 Jahren kommen plötzlich Fragen zur Religion auf. Ich bin nicht religiös. Fragen über ein Leben nach dem Tod interessieren mich nicht, andere schon, zum Beispiel solche:

Zehntausende von Gläubigen aus aller Welt strömen tagtäglich in die Kathedrale von Toledo, in die Basilika Sagrada in Barcelona oder den Petersdom in Rom. Nein, nicht Gläubige, die zum Gottesdienst wollen, sondern Touristen. Die Besucherzahlen überraschen mich. Für einen kurzen Blick auf das Gemälde „Letztes Abendmahl" von Leonardo da Vinci (1452–1519) in Mailand ist eine Reservierung mehrere Tage im Voraus notwendig. In Madrid fahren Reisecars lange Warteschlaufen vor dem Museo del Prado. Die riesigen Gemälde mit den religiösen Motiven ziehen nicht nur ältere Menschen, sondern auch junge Familien fest in ihren Bann. Tausende von Leuten machen sich jedes Jahr auf den Pilgerweg nach Santiago de Compostela. Und immer mehr Menschen entfliehen dem Alltag, um Ruhe und Spiritualität in einem Kloster zu finden. Ich verstehe es nicht. Immer weniger Leute gehen zu den Gottesdiensten und beten. Die normalen Kirchen sind am Sonntag fast leer. Und dann rennen dieselben Leute kopfüber in irgendwelche Prestige-Kirchen. Ich will ehrlich sein: Meine Frau und ich machen das auch. Wir haben nichts ausgelassen, weder die Kathedrale von Toledo noch die Heilig-Blut-Basilika in Brügge, die Portugiesische Synagoge in Amsterdam, die St Paul's Cathedral in London, die Hagia

Sophia in Istanbul, die Mezquita-Kathedrale in Cordoba, die buddhistischen Tempel und die shintoistischen Schreine in Kyoto und Nara. Weshalb machen wir das? Ist es die Architektur, die Geschichte, die mystische Atmosphäre? Oder weil es sonst nichts zu sehen gibt außer ein paar Shopping-Meilen mit den immer gleichen Megastores und Food-Courts?

Eine andere Frage beschäftigt mich auch. Haben Religionen eine Lizenz zum Töten? Die dunklen Seiten der religiösen Geschichtsbücher sind durchtränkt von Gewalt. Selbst die sonst als friedlich geltenden Buddhisten werden plötzlich aggressiv und vertreiben muslimische Minderheiten aus Myanmar. Was läuft schief mit den Religionen?

Die Fragen bleiben unbeantwortet, die Diskussionen im Familien- und Freundeskreis sind unbefriedigend. Ich will endlich mehr über die Religionen wissen. 2013 marschiere ich von zuhause los und beginne ein Studium an der Theologischen Fakultät der Universität Bern, Fachgebiet „Interreligiöse Studien" mit den fünf großen Religionen: Christentum, Judentum, Islam, Buddhismus und Hinduismus.

Aufgewachsen bin ich in Rheinfelden. Die Jugendzeit am Wasser ist eine spannende und schöne, die erste Erfahrung mit der römisch-katholischen Kirche eine sehr bedrückende. Ich kann zum 6. und 9. Gebot des Dekaloges sagen, was ich will, die Beichtstrafe ist immer dieselbe: 30 Vaterunser und 30 Ave Maria. Und der Freitagnachmittag ist wieder einmal dahin. Im Alter von 19 Jahren befreie ich mich vom Elternhaus, studiere Ökonomie und heirate. Aus der Ehe stammen zwei Kinder und drei Enkelkinder. Nicht nur mein Privat-, auch mein Berufsleben ist erfüllt. Ich verbringe fünf Jahre in Venezuela und ein Jahr in Singapur.

Das Studium beginnt im Frühjahr 2013 mit dem Grundkurs „Umwelt des Neuen Testamentes". Es geht um die jüdische und hellenistisch-römische Umwelt, um Politik, Gesellschaft und religiöse Bewegungen. Zwanzig junge Studierende, die Mehrheit Frauen, sitzen an den Tischen. In den Diskussionen halte ich mich zurück, lasse den Jungen den Vorrang. Ich will kein alter Besserwisser sein. Meine Kleidung ist bescheiden. Nichts soll auf meine Vergangenheit als langjähriger Chef eines bekannten Schweizer Unternehmens hindeuten. Ich bin den Dozenten und jungen Studierenden dankbar, dass sie mich trotz des fortgeschrittenen Alters schnell akzeptieren. Das Studium endet im Frühjahr 2017 mit dem Seminar „Gerechtigkeit und Traditionsbruch: Die religiöse Gleichberechtigung der Frau im modernen Judentum". Die notwendigen 120 ECTS-Punkte des Bachelor-Studiums sind erreicht. Mein Studium an der Theologischen Fakultät Bern hat im Familien- und Bekanntenkreis einen hohen Stellenwert, einen viel höheren als das bereits in jungen Jahren absolvierte Betriebswirtschaftsstudium an der Universität St. Gallen. Die Leute sind interessiert und wollen sofort viel wissen. Eine Bekannte nimmt mich während einer Geburtstagsfeier zur Seite und fragt: „Glaubst du, dass Gott existiert?" Das ist für mich eine neue Erfahrung. Ich habe in der Wirtschaft gelernt, rational zu argumentieren. Nun bin ich plötzlich mit Fragen zum Glauben und zur Offenbarung konfrontiert. Der Weg von der Objektivität zur Subjektivität und Transzendenz ist ein steiniger und führt oft durch einen dunklen Wald. Eine Frage wird mir besonders häufig gestellt, nämlich ob ich zum „homo religiosus" geworden bin und wieder in den Schoß der christlichen Kirche zurückkehre. Nein, ich bin nicht religiös geworden. Ich habe Paulus (vermutlich 5–64), Origenes (vermutlich 185–254), Augustinus (354–430), Thomas von Aquin (1225–1274), Luther (1483–1546), Calvin (1509–1564), Schleiermacher (1768–1834) und Karl Barth (1886–1968) gelesen. Ich habe mir Mühe gegeben, Platon (vermutlich 427–347 v. Chr.), Aristoteles (384–322 v. Chr.), Descartes (1596–1650), Kant (1724–1804), Derrida (1930–2004) und Agamben (geb. 1942) zu verstehen. Ich bin durch die geschichtlichen, philosophischen und dogmatischen Höhen und Tiefen der christlichen Theologie gegangen. Die Religiosität habe ich dabei nicht finden können. An einer Theologischen Fakultät erhält man viel Wissen, aber keinen Glauben. Die Trinitätslehre, das schwer verständliche Konstrukt aus dem 4. Jahrhundert mit der Ousia (dem Wesen Gottes) und den drei

Hypostasen (Vater, Sohn und Heiliger Geist) ist mir fremdgeblieben, vor allem die Person des Heiligen Geistes. Ich bin wohl nicht der Einzige, der mit der Trinitätslehre Mühe hat. Eine Dozentin sagte es so: „Wenn wir den Jungen heute erklären wollen, was die Trinität ist, dann denken die, wir seien gaga." Andererseits habe ich gelernt, die Bibel in die Hand zu nehmen. Ich erinnere mich: Unser Dozent des Seminars „Einführung in das Alte Testament" ist verärgert. Keiner der 20 Studierenden hat eine Bibel dabei. Nun muss er alleine die vielen Texte aus der Bibel vorlesen. Ich gehe am selben Tag in den Buchladen des Berner Münsters und kaufe die bekannte Zürcher Bibel. Die Gefühle beim Kauf sind allerdings beklemmend und ich komme fast ins Schwitzen. Ein Bekannter könnte mich im Münster zufällig sehen und falsche Schlüsse aus dem Bibelkauf ziehen. Ich sehe mich bereits dem Vorwurf der Bigotterie ausgesetzt. Weshalb diese Angst? Eine vernünftige Antwort darauf gibt es nicht. Das hat sich mit dem Studium geändert. Heute nehme ich die Bibel als literarische Schatzkammer für spannende und schöne Geschichten ganz selbstverständlich zur Hand.

Ich habe die Dozentinnen und Dozenten an der Theologischen Fakultät als hervorragende Lehrer und Pädagogen kennengelernt. Gewisse Sätze beschäftigen mich auch im Nachhinein noch, nämlich dass wir eine Krise der Institutionen hätten und keine Krise des Glaubens, und dass Ignoranz das wahre Problem der leeren Kirchen sei. Auch andere Dozentensätze, weniger ernste, sind mir in Erinnerung geblieben: Dass Platon geiler zu lesen ist als Aristoteles, das wusste ich allerdings schon vor dem Studium. Neu war mir, dass es nicht Aufgabe der Theologie sein kann, die Kirchen am Sonntagmorgen zu füllen. Bestätigt wurde mir der Verdacht, dass man das Alte Testament ohne ergänzende Kommentare nicht mehr verstehen kann. Das Überlebenskonzept aus dem alten Israel, die Feinde deiner Feinde sind deine Freunde, gilt wohl auch heute noch. Und dann ganz überspitzt: „Weshalb ist Jesus Christus zwischen Kreuzigung und Auferstehung ins Reich des Todes hinabgestiegen? Es war ihm in der Höhle wohl zu langweilig, und er hatte Hunger."

Ich erinnere mich nur an Dozentensätze aus den Seminaren zum Christentum. Zu den Seminaren zum Islam, Buddhismus oder Hinduismus fällt mir außer Fakten nichts ein. Im Christentum lässt sich die eigene Person wohl problemlos mit Humor und Kritik einbringen. Kritik und Humor im Kontext des Korans? Wohl ein Ding der Unmöglichkeit!

II Christentum für alle

Religiosität ist ein Begriff, der in diesem Buch häufig vorkommt. Er kann vieles bedeuten. Meistens wird er mit einem Gefühl oder einer inneren Rührung in Verbindung gebracht. In diesem Buch wird „Religiosität" ausschließlich als eine an die christliche Kirche gebundene, institutionelle Religiosität mit dem Glauben an den einen Gott, der sich in Jesus Christus zu erkennen gab, verwendet.[5] Religiöse Menschen bekennen sich zu Gott bzw. zu Jesus Christus und sind Mitglieder einer Kirche. Diese Definition ist einfach und verständlich und grenzt zu anderen, informellen, kirchenungebundenen Formen der Religiosität wie etwa Spiritualität oder Esoterik ab. Das Erlebnis eines Sonnenaufganges auf dem Niesen im Berner Oberland mit Blick auf die umliegenden Berge und den Thunersee kann ebenfalls als religiöses Erlebnis empfunden werden. Ein solches hat mit unserer Definition von Religiosität aber nichts zu tun. In diesem Buch sprechen wir also immer von einer Religiosität, die einen festen Bezug zu einer christlichen Kirche hat. Wir gehen nun daran, das „Christentum für alle" anhand des folgenden Aufbauschemas zu gestalten:

---

5 Stolz, Jürg: Religion und Sozialstruktur, in: Die zwei Gesichter der Religion, Hrsg. Campiche, Roland J., Zürich 2004, 55 f.

„Christentum für alle"

Voraussetzung:
Legitimität, öffentliche Anerkennung, Redlichkeit

Menschen, die dem Christentum beitreten wollen

religiöse Menschen (Bekenntnis zu Jesus Christus)	nichtreligiöse Menschen (ohne Bekenntnis)
Religiöse Lebensführung mit einem christlichen Menschenbild (moralische Orientierung an der Bergpredigt)	Säkulare Lebensführung mit einem christlichen Menschenbild (moralische Orientierung an den Grundwerten)
Erfüllen von Aufnahmebedingungen	Erfüllen von Aufnahmebedingungen
Beitritt zum konfessionellen Christentum (Christentum als Bekenntnisbegriff) = konfessionelle Christinnen und Christen	Beitritt zum säkularen Christentum (Christentum als Kulturbegriff) = säkulare Christinnen und Christen

1

Konfessionelles Christentum

Das konfessionelle Christentum gehört den religiösen Menschen, welche von den unterschiedlichsten christlichen Konfessionen – römisch-katholisch, evangelisch, orthodox, Pfingstbewegungen usw. – kommen. Konfessionelle Christen suchen ein attraktives und gelingendes Leben innerhalb ihrer Glaubensgemeinschaft. Sie erwarten von dieser ein religiöses und spirituelles Umfeld, Unterstützung in schwierigen Lebenslagen, Rituale wie Taufen, Hochzeiten und Beerdigungen sowie Feierlichkeiten wie an Ostern, Pfingsten und Weihnachten. Sie orientieren sich in ihrem moralischen Verhalten an Gott. Grundlage ist die Bergpredigt Jesu Christi, welche das christliche Bild vom guten Menschen mit einer Kultur der Barmherzigkeit geschaffen hat. Der konfessionelle Christ braucht die moralische Orientierung an Gott, weil er weiß, dass er nicht nur gut ist, sondern immer wieder auch schlecht handelt. Paulus setzt dem Menschen die Bösartigkeit der eigenen Person klar und deutlich vor Augen: „Denn nicht das Gute, das ich will, tue ich, sondern das Böse, das ich nicht will, das treibe ich voran."[6] Diesen Satz des Paulus halte ich persönlich für einen der besten der gesamten Bibel. Besser kann man die Bösartigkeit der Menschen nicht formulieren.

Es ist Sache der jeweiligen Konfession, die Beitrittsbedingungen festzulegen. Die beiden großen Schweizer Kirchen, die römisch-katholische und die evangelisch-reformierte Landeskirche, verlangen heute für den Beitritt lediglich ein paar Personalien, und schon ist man dabei. Das ist aus meiner Sicht falsch. Es geht um mehr als nur um ein paar Angaben zur Person und zur Wohnadresse. Der Beitrittswillige soll sich offiziell und schriftlich

---

6 Paulus: Der Brief an die Römer, in: Zürcher Bibel, Zürich 2007, 7,19

zu den Regeln der konfessionellen Gemeinschaften bekennen. Der Glaube an den in Jesus Christus menschgewordenen Gott ist für die beiden großen Schweizer Kirchen nach wie vor die wichtigste Bedingung für den Beitritt. Es folgt die Mitgliedschaft in einer Kirche. Der Grund des Glaubens ist zwar die Offenbarung, aber nur so, wie sie durch die Kirche erkannt und ausgelegt wird. Der Glaube allein genügt nicht, es braucht diese Mitgliedschaft, welche sich mit dem Empfang der Taufe vollzieht. Es liegt im Ermessen der Kirche, weitere Aufnahmebedingungen festzulegen. Christliche Fundamentalisten, welche die Gebote der Bibel über die Gesetze des Rechtsstaates stellen, haben im konfessionellen Christentum nichts zu suchen. Die notwendige Einhaltung dieser Gesetze gehört deshalb aus meiner Sicht unbedingt zu den Aufnahmebedingungen. Schließlich muss auch die Höhe der Mitgliedsbeiträge zur Finanzierung der Kirche geregelt werden. Die Aufnahmebedingungen für den Beitritt zur Kirche, hier zu den beiden großen Schweizer Kirchen und zugleich zum konfessionellen Christentum, sind somit:

1. Das Bekenntnis zu Jesus Christus.

2. Die Mitgliedschaft in einer der beiden großen Schweizer Kirchen.

3. Die Einhaltung der Schweizer Gesetze.

4. Die Bezahlung einer jährlichen Mitgliedsgebühr.

Die meisten aktiven Kirchenmitglieder leisten unentgeltliche Freiwilligenarbeit. Diese wird auch in Zukunft von den Mitgliedern erwartet, sie ist aber keine Grundbedingung für den Zugang zum konfessionellen Christentum. Viele Menschen können eine solche Arbeit wegen Krankheit oder Invalidität gar nicht erbringen. Das Einverständnis zu den Aufnahmebedingungen ist mit einem formellen Schreiben einzureichen. Der Beitrittswillige und die Kirche schließen einen Vertrag ab, welcher jederzeit wieder aufgelöst werden kann. Die Kirchenzugehörigkeit ist gemäß der Schweizerischen Bundesverfassung freiwillig.[7]

Viele Leute verlieren heute die Religiosität. Das heißt aber nicht, dass es bald keine religiösen Menschen mehr gibt. Die Religiosität wird nie vollständig verschwinden, auch in einer modernen und säkularen Gesellschaft nicht. Es wird immer Menschen geben, die an Jesus Christus glauben und Mitglied einer Kirche sein wollen. Die Hälfte aller Kirchenmitglieder glaubt immer noch an einen Gott.[8] Gott ist nicht tot, wie es Friedrich Nietzsche (1844–1900) einmal behauptet hat.[9] Man weiß zudem nie: Unerwartete Schicksalsschläge oder eine Welt-Katastrophe könnten eine neue Religiosität und allen säkularen Unkenrufen zum Trotz ein Revival der christlichen Religion hervorrufen. Das konfessionelle Christentum wird auch in Zukunft ein starker Grundpfeiler des Christentums sein.

---

7 Bundesverfassung der Schweizerischen Eidgenossenschaft vom 18. April 1999 (Stand am 1. Januar 2018), Art. 15, Abs. 4
8 Siehe Kapitel II/2.1.2
9 Nietzsche, Friedrich: Die fröhliche Wissenschaft/Wir Furchtlosen, Philosophische Werke, Band 5, Hrsg. Schreier, Claus-Artur, Hamburg 2013, 221 (Sektion 343)

2

Säkulares Christentum

Das säkulare Christentum gehört den nichtreligiösen bzw. säkularen Menschen. Säkulare Christen suchen auch ein attraktives und gelingendes Leben, allerdings nicht innerhalb einer Organisation mit hierarchischen und autoritären Strukturen, wie es die Kirchen, vor allem die römisch-katholische, nun einmal sind. Der säkulare Christ will nicht in enge soziale Netze eingebunden sein, sondern selbstbestimmt entscheiden und autonom handeln können. Das säkulare Christentum ist neu und muss formal und inhaltlich noch ausgestaltet werden.

2.1

Bedingungen

Das Postulat eines „Christentums für alle" muss legitim umgesetzt werden können. Die Kirchen haben mit dem Prinzip der Einheit von Jesus Christus und dem Christentum ein starkes Argument in der Hand, die Aufnahme säkularer Menschen in das Christentum zu verhindern. Christ kann nur sein, wer sich zu Jesus Christus bekennt. Säkulare Menschen bekennen sich nicht zu Jesus Christus und sind deshalb, dem kirchlichen Prinzip folgend, keine Christen. Wir müssen uns mit dem Argument der Kirchen auseinandersetzen. Der Nachweis muss gelingen, dass die viel beschworene Einheit heute gar nicht mehr existiert, weil sie im Verlaufe des letzten Jahrhunderts auseinandergebrochen ist. Wir beginnen allerdings vorerst mit einer rechtlichen Prüfung.

2.1.1

Legitimität

a) Rechtliche Prüfung: Markenrechte

„Das Christentum ist keine Marke."[10] Eine Kirche ist aus theologischer Sicht eine Glaubensgemeinschaft und kein kommerzielles Unternehmen. Ich teile diese Ansicht. Trotzdem will ich prüfen, ob der Name rechtlich geschützt ist, z. B. in der Schweiz beim Eidgenössischen Institut für Geistiges Eigentum (Markenschutz, Patentschutz, Designerschutz, Urheberrechte). Ich habe keine Einträge gefunden. Der Begriff „Christentum" ist rechtlich als Marke nicht geschützt.

b) Historisch-theologische Prüfung: Die Einheit von Jesus Christus und dem Christentum

Wir beginnen mit dem Neuen Testament, der Heiligen Schrift und Quelle der Wahrheit. Kann die unzertrennbare Einheit von Jesus Christus und dem Christentum mit den Texten des Neuen Testamentes nachgewiesen werden? Die große Überraschung: Der Name „Christentum" kommt im gesamten Neuen Testament nicht ein einziges Mal vor. Wir finden das Wort „Christ" hingegen in den Texten, allerdings nicht in den vier Evange-

---

10 Küng, Hans: Das Christentum ist keine Marke, Interview in Welt Online 17.3.2008, unter: www.welt.de/politik/article1807805/Das-Christentum-ist-keine-Marke.html (26.9.2017)

lien, sondern in der Apostelgeschichte: „In Antiochia wurden die Jünger zum ersten Mal Christen genannt."[11] Die Apostelgeschichte verrät allerdings nicht, wer die Jünger als Christen bezeichnet. Sind es die Jünger selbst, die sich als Christen bezeichnen? Oder ist es die jüdische Bevölkerung von Antiochia? Die Jünger können es nicht sein. Sie bezeichnen sich im Neuen Testament immer als Brüder, Heilige, Gläubige oder Jünger, und nie als Christen. Die Juden können es auch nicht sein. Sie rufen den Christen geringschätzig Nazaräer nach.[12] Vermutlich ist es die römische Behörde, welche die Jünger von den Juden namentlich abgrenzen oder als besondere jüdische Sekte identifizieren will. Christen sind die Parteigänger von Jesus Christus, dem von den Römern hingerichteten Aufrührer. „Der Christenname schien damit etwas zu implizieren, was zu Konflikten mit der Staatsgewalt führen musste oder konnte: eine suspekte kriminelle Vereinigung."[13] Konkrete Beweise für die These, dass der Christenname zum ersten Mal auf einer römischen Wache zur Identifikation von Kriminellen aufgetaucht ist, existieren allerdings nicht. Wir können aber mit großer Sicherheit davon ausgehen, dass der Begriff „Christ" eine Fremdbezeichnung ist. Die Eigenbezeichnung setzte sich erst im 2. Jahrhundert durch, dann aber sehr schnell.[14]

Das Wort „Christ" findet sich noch in zwei weiteren Stellen des Neuen Testamentes: „Agrippa sagte zu Paulus: Wenig fehlt, und du bringst mich dazu, als Christ aufzutreten."[15] Und: „Wenn er aber als Christ leiden muss, dann schäme er sich dessen nicht, sondern preise Gott mit diesem Namen."[16] Das ist alles. Nur

---

11 Die Apostelgeschichte, in Zürcher Bibel 2007: 11,26
12 Bibellexikon: Hrsg. Van den Born A., Zürich Köln 1951, 294
13 Hauschild, Wolf-Dieter: Lehrbuch der Kirchen- und Dogmengeschichte, Band 1: Alte Kirche und Mittelalter, 4. Auflage, München 2011, 116
14 Seckler, Max: Christentum, in: Lexikon für Theologie und Kirche, Band 2, Hrsg. Kasper, Walter, Sonderausgabe 2009, Freiburg im Breisgau 2009 (Sonderausgabe), 1106
15 Die Apostelgeschichte, in Zürcher Bibel 2007: 26, 28
16 Der erste Brief des Petrus, in Zürcher Bibel 2007: 4, 16

drei belanglose Erwähnungen des Christennamens im gesamten Neuen Testament. Das Neue Testament gibt für einen Nachweis der Einheit von Jesus Christus und dem Christentum nichts her.

Wir gehen mit der historisch-theologischen Prüfung einen Schritt weiter und werden gleich mit einer ersten Schwierigkeit konfrontiert. Von welchem Jesus sprechen wir überhaupt: Vom historischen Jeschua ben Josef oder vom fiktiven Jesus Christus, dem von Gott zur Erlösung der Menschen gesandte Messias und Sohn Gottes?

Jeschua ben Josef, genannt Jesus von Nazareth, wird wahrscheinlich um das Jahr 6 v. Chr. in Nazareth geboren. Er lebt in Galiläa und Judäa, ist ein Prophet und Wanderprediger, aber auch ein Volksverhetzer und Revolutionär, der im Alter von 38 Jahren auf Befehl des römischen Präfekten Pontius Pilatus von römischen Soldaten gekreuzigt wird. Der jüdische Historiker Flavius Josephus (vermutlich 37–100 n. Chr.) bestätigt die Existenz dieses Jeschua in seinen Antiquitates Iudaicae („Jüdische Altertümer"). Aus Jeschua geht dann Jesus Christus, die religiöse Symbolfigur der vier Evangelien, hervor. Im Unterschied zum historischen Jeschua ben Josef kommt der fiktive Jesus Christus in Bethlehem zur Welt, in Judäa zur Zeit des Königs Herodes (vermutlich 73–4 v. Chr.). Er fastet in der Wüste und bewirkt Wunder. Er heilt die Gelähmten und erweckt die Toten wieder zum Leben. Er lehrt das Vaterunser, hält die Bergpredigt und verkündet das Reich Gottes. Er stirbt ebenfalls am Kreuz, steht aber lebendig wieder auf und wird in den Himmel emporgehoben, wo er sich zur rechten Seite des Vaters setzt. Das Christentum geht im 1. Jahrhundert als Jesusbewegung, als jüdische Reformbewegung, aus der historischen Person Jeschua hervor[17] und macht dann verschiedene Entwicklungen durch: Auf die Jesusbewegung folgen das Judenchristentum, das hellenistische Heidenchristentum und das lateinisch-mittelalterliche Christentum. Der erfolgreiche Missionar Paulus stellt den fiktiven Jesus Christus schon früh-

---

17 Hauschild 2011: 59

zeitig immer mehr in den Vordergrund, die historische Gestalt des Jeschua geht langsam verloren, bis sie irgendwann ganz verschwindet.

Von welchem Jesus sprechen wir, wenn wir die Einheit von Jesus Christus und dem Christentum prüfen wollen? Wahrscheinlich vom fiktiven Jesus und nicht vom historischen. Aber so ganz sicher sind wir uns halt auch nicht. Die Herleitung des Namens „Christentum" vom fiktiven Jesus ist spekulativ. Wir prüfen nun die Entwicklung der Einheit von Jesus Christus und dem Christentum im Verlaufe der letzten 2.000 Jahre.

Die Einheit von Jesus Christus und dem Christentum bis ins 17. Jahrhundert

Das Christentum breitet sich im lateinisch-mittelalterlichen Westen mit dem römischen Kaiser Konstantin I. (etwa 280–337) und dem römisch-deutschen Kaiser Karl I. (etwa 747–814) schnell aus. Konstantin verbindet die christliche Kirche und sein Imperium zur römischen Reichskirche. Das Christentum soll die alten Kulte ersetzen und die salus publica, das Gemeinwohl, gewährleisten. Konstantin erkennt die Nützlichkeit der kirchlichen Organisation und setzt diese konsequent für die staatliche Bestandssicherung ein. Er selbst hält nichts von christlichen Geboten und lässt seinen Sohn und seine Ehefrau ermorden. Mit der Regierungszeit von Konstantin beginnen die wichtigen Konzilien, sieben an der Zahl. Die christliche Lehre wird ausformuliert, zum Beispiel die Trinität (Gott ist ein Wesen mit drei Existenzweisen, einer Gottheit von Vater, Sohn und Heiligem Geist) oder die Zwei-Naturen-Lehre (Jesus Christus ist wahrer Gott und wahrer Mensch zugleich). Auch werden Fragen beantwortet wie zum Beispiel, ob Maria Gottesgebärerin oder Christusgebärerin ist (Maria ist Christusgebärerin), oder ob man Gott und Jesus Christus bildlich darstellen darf (Gott nein, Jesus ja, weil er auch Mensch ist).

Auch Karl setzt das Christentum bei seinen Eroberungszügen als Stabilisierungsfaktor für die öffentliche Ordnung ein. Die Christianisierung der Sachsen, Friesen und Slawen entspringt nicht einem kirchlichen Missionskonzept, sondern dient ausschließlich der Machtpolitik mit Blick auf die kulturelle Integration der eroberten Gebiete. Es gilt das Prinzip, wonach alle Angehörigen des Frankenreiches Christen sein müssen. Massentaufen gelten als Demonstration der Unterwerfung.

Zwei große Glaubensspaltungen erschüttern dann das Christentum im 11. und 16. Jahrhundert. Die lateinische Kirche des Westens trennt sich im 11. Jahrhundert von der griechischen Kirche des Ostens. Die Machtansprüche des Papstes in Rom gehen dem Patriarchen von Konstantinopel wohl zu weit. 500 Jahre später spaltet sich das westliche Christentum in eine römisch-katholische und eine evangelische Kirche auf. Luther (1483–1546), Zwingli (1484–1531) und Calvin (1509–1564) wollen die Kirche grundlegend reformieren, der Papst und die Bischöfe wollen das nicht. Ein gemeinsames Weitermachen ist nicht mehr möglich.

Die Geschichte des Christentums von den Anfängen bis ins 17. Jahrhundert verläuft turbulent. Die Einheit von Jesus Christus und dem Christentum scheint aber nie in Frage gestellt zu werden oder gefährdet zu sein.

Die Einheit von Jesus Christus und dem Christentum im 18. Jahrhundert

Im 18. Jahrhundert geht die Einheit von Jesus Christus und dem Christentum weiter, aber eine andere Einheit bricht auseinander, die von religiösem und weltlichem Leben. Bis ins 17. Jahrhundert kennen die Menschen keinen Unterschied zwischen diesen beiden Aspekten. Sie sind, ohne die Einheit je zu hinterfragen, einfach nur religiös und weltlich zugleich. Doch dann kommt das 18. Jahrhundert. Aufklärung (ganzes 18. Jahrhundert) und Französische

Revolution (1789–1799) treffen die religiöse Gesellschaft mit voller Wucht und Härte. Der Philosoph Immanuel Kant (1724–1804) definiert die Aufklärung als Ausgang des Menschen aus seiner selbstverschuldeten Unmündigkeit.[18] Staat und Gesellschaft lösen sich aus der Dominanz der Kirchen, die Philosophie aus der übermächtigen Theologie. Das Primat der Vernunft und die aufkommenden Wissenschaften führen zu einer radikalen Kritik am Christentum und den Kirchen. Die bisherige Einheit von christlichem Glauben und weltlicher Bindung lässt sich nicht mehr länger aufrechterhalten und fällt auseinander.[19] Die Französische Revolution schlägt dann 1789 unerbittlich zu und bringt die tiefste Zäsur in der europäischen Kirchengeschichte. Die Jakobiner hebeln die bisher konstitutive Verbindung von Staat und Kirche definitiv aus. Die Kirche verliert ihre Bedeutung als sinnstiftende und soziale Instanz. Die Religion wird von jetzt an Privatsache. Mit der Französischen Revolution kommt ein politischer und gesellschaftlicher Prozess in Gange, der langsam, aber hartnäckig zur Trennung von Staat und Kirche führt. Dieser heißt Säkularisierung.

Die Einheit von Jesus Christus und dem Christentum vom 19. Jahrhundert bis heute

In Europa ist die Säkularisierung weit fortgeschritten. Die Menschen denken und handeln heute individualistischer und selbstbestimmter als noch im 18. Jahrhundert. Sie sind wohlhabender und besser ausgebildet. Die modernen Menschen wollen

---

18 Kant, Immanuel: Beantwortung der Frage: Was ist Aufklärung?, in: Berlinische Monatsschrift, Dezember 1784, Band 4, Zwölftes Stück, 481–494

19 Brunner, Emil: Christentum und Kultur, Hrsg. Emil-Brunner-Stiftung, Zürich 1979, 9

sich nicht mehr von den Kirchen vorschreiben lassen, wie man zu leben hat. Immer mehr Menschen kehren der Religion den Rücken zu.

Der Sinkflug der Religiosität ist nicht mehr aufzuhalten. Der evangelische Theologe Dietrich Bonhoeffer (1906–1945) schreibt am 30. April 1944 aus dem Berliner Kriegsgefängnis: „Wir gehen einer völlig religionslosen Zeit entgegen; die Menschen können einfach, so wie sie nun einmal sind, nicht mehr religiös sein."[20] Und: „[…] es zeigt sich, dass alles auch ohne ‚Gott' geht, und zwar ebenso gut wie vorher. Ebenso wie auf wissenschaftlichem Gebiet wird im allgemeinen menschlichen Bereich ‚Gott' immer weiter aus dem Leben zurückgedrängt, er verliert an Boden."[21] Der Begriff „Christentum" löst sich im 20. Jahrhundert aus seinem religiösen Kontext. Der deutsche Philosoph und Psychiater Karl Jaspers (1883–1969) bringt es zum ersten Mal klar und deutlich zum Ausdruck: „Christentum" ist ein historischer Begriff, kein Bekenntnisbegriff."[22]

Nachdem die Einheit von religiösem und weltlichem Leben bereits im 18. Jahrhundert auseinandergebrochen ist, fällt nun auch die Einheit von Christentum und Jesus Christus weg. Die Nabelschnur, die 2.000 Jahre gehalten hat, reißt im 20. Jahrhundert endgültig. Der Begriff „Christentum" emanzipiert sich von Jesus Christus und aus dem Bekenntnisbegriff wird immer mehr auch ein kultureller, politischer und historischer Begriff.

Zwei Beispiele zeigen die Entwicklung sehr schön auf: Das eine ist das Parteiprogramm einer der wichtigsten politischen Parteien der Schweiz, der Christlich-demokratischen Volkspartei CVP. In ihrem Programm beschreibt sie, wofür das ‚C', der Buchstabe für das Christliche, steht: „Unser ‚C' steht für die Achtung des Menschen, für eine Würde, die allen Menschen un-

---

20 Bonhoeffer, Dietrich: Widerstand und Ergebung, Band 8, 403, München 1998, 403
21 Bonhoeffer 1998: 477
22 Jaspers, Karl: Der philosophische Glaube angesichts der Offenbarung, München 1962, 525

abhängig von Alter, Geschlecht, Ethnie, Religion, gesellschaftlichem Status, seiner sexuellen Orientierung oder Leistungsfähigkeit zukommt."[23] Ein direkter Bezug zu Jesus Christus fehlt im gesamten Parteiprogramm. Es ist der Versuch der CVP, den Begriff „christlich" aus dem religiösen Verständnis zu lösen und zu einem Begriff des Humanismus umzuformen. Das Beispiel der CVP zeigt deutlich, wie der Begriff „Christentum" säkularisiert wird. „Christlich" wird heute von einer nichtreligiösen Gesellschaft vorwiegend im Sinne säkularer Werte verstanden.[24]

Ein weiteres Beispiel ist die Christliche Demokratische Union Deutschlands, die CDU, welche für jedermann offen ist, der Würde, Freiheit und Gleichheit aller Menschen anerkennt.[25] Die CDU geht allerdings einen Schritt weiter als die Schweizerische CVP und verlangt ein christliches Verständnis von einem Schöpfergott, allerdings nur als ein Verständnis, nicht als ein Bekenntnis.[26] Auch das Beispiel der CDU zeigt sehr schön auf, wie weitgehend sich der Begriff „Christentum" aus dem religiösen Kontext gelöst hat.

Eine neue, nichtreligiöse Lebensform hat sich im 20. Jahrhundert aus der religiösen herausgebildet und selbständig gemacht hat. Diese hat den Christusglauben und die Kirchen fallengelassen, den kulturellen Hintergrund mit dem christlichen Menschenbild und dessen Moralvorstellungen von Gerechtigkeit und Gleichheit aber mitgenommen. Mit dem christlichen Menschenbild ist auch das Christsein mitgegangen. Ich behaupte: Menschen, die ihr moralisches Verhalten an einem christlichen Menschenbild orientieren, sind Christen, unabhängig davon, ob sie religiös sind oder nicht.

---

23 Parteiprogramm der CVP vom 11.1.2014, unter: www.cvp.ch/sites/default/files/CVP_Parteiprogramm_d.pdf, 4 (15.9.2018)
24 Seckler 2009: 1107 ff
25 Grundsatzprogramm der CDU, 21. Parteitag 13.–14. Dezember 2007 in Hannover, Art. 2, unter: www.cdu.de/system/tdf/media/dokumente/071203-beschluss-grundsatzprogramm-6-navigierbar_1.pdf?file=1 (15.9.2018)
26 Grundsatzprogramm der CDU 2007: Art. 234

d) Ergebnis der Prüfung

Der Begriff „Christentum"

» ist keine Marke und rechtlich nicht geschützt

» kommt in den Texten des Neuen Testamentes nicht vor

» hat eine unklare Herkunft

» ist seit dem 20. Jahrhundert nicht mehr nur ein Bekenntnisbegriff

Das Ergebnis der Prüfung ist eindeutig, die Einheit von Jesus Christus und dem Christentum existiert nicht mehr. Der Begriff „Christentum" ist heute frei verfügbar. Die Kirchen können die Aufnahme der nichtreligiösen Lebensform in das Christentum nicht mehr verhindern.

2.1.2

Öffentliche Anerkennung

Die Aufnahme nichtreligiöser Menschen in das Christentum ist legitim. Nun muss die Aufnahme noch öffentlich anerkannt werden. Diese Anerkennung erfolgt durch das Schweizerische Bundesamt für Statistik, welches die Konfessionsstatistiken erstellt, die heute auf folgender Typologie basieren:

a. Die christlichen Glaubensgemeinschaften (die evangelisch-reformierte Landeskirche, die römisch-katholische Kirche, die christlich-orthodoxe Kirche, die Pfingstbewegung etc.)

b. die anderen Religionen und Glaubensgemeinschaften bzw. Vereinigungen (muslimische, jüdische, buddhistische und hinduistische Gemeinschaften)

c. die Konfessionslosen, die Menschen ohne Zughörigkeit zu einer Kirche oder Gemeinschaft

d. unbekannt, d. h. die Menschen, die keine Angaben machen

Die letzte Erhebung findet 2016 mit folgendem Ergebnis statt:

» 67% der Befragten bekennen sich zu den christlichen Glaubensgemeinschaften

» 7% zu einer anderen Religion oder Glaubensgemeinschaft

» 25% geben an, sie seien konfessionslos

» 1% macht keine Angaben[27]

Die christlichen Glaubensgemeinschaften können auf ihre Anteile stolz sein, sie sind die größte Gruppe. Das Bundesamt für Statistik fasst allerdings zusammen, was offensichtlich nicht zusammenge-

---

27 Bundesamt für Statistik der Schweizerischen Eidgenossenschaft: Ständige Wohnbevölkerung ab 15 Jahren nach Religionszugehörigkeit, BFS 2018, 7, unter: www.bfs.admin.ch/bfs/de/home/statistiken/bevoelkerung/sprachen-religionen/religionen.html (25.9.2018)

hört, und liefert den Grund für den Erfassungsfehler gleich selbst. Das Bundesamt stellt in der gleichen Erhebung von 2016 auch die brisante Frage nach dem Glauben an einen einzigen Gott. Das Ergebnis ist für die Kirchenmitglieder der römisch-katholischen und evangelisch-reformierten Kirche alarmierend: 41 % der römisch-katholischen und 54 % der reformierten Kirchenmitglieder glauben nicht mehr an einen einzigen Gott.[28] Im Durchschnitt sind es 46 %, also fast die Hälfte aller Kirchenmitglieder. Das Ergebnis ist alarmierend, weil die Antworten von den Kirchenmitgliedern kommen und nicht etwa von den Konfessionslosen.

Das Bundesamt für Statistik muss seine Konfessionstypologie für die christlichen Gemeinschaften korrigieren. Religiöse und nichtreligiöse Menschen gehören nicht in den gleichen Christen-Topf geworfen, sondern sind strikt zu trennen. Die bisherige Typologie wird wie folgt korrigiert: Die Hauptkategorie „christliche Glaubensgemeinschaften" wird durch die Kategorie „christliche Gemeinschaften" mit zwei Unterkategorien ersetzt. In der Unterkategorie „konfessionell-christliche Gemeinschaften" werden die religiösen Kirchenmitglieder erfasst, in der Unterkategorie „säkular-christliche Gemeinschaft" die bisher nichtreligiösen Kirchenmitglieder und die Konfessionslosen. Die Kategorie „Konfessionslose" entfällt. Die korrigierte Typologie sieht nun so aus:

a. Die christlichen Gemeinschaften:

a.a. die konfessionell-christlichen Gemeinschaften (die bisher christliche Glaubensgemeinschaft mit der evangelisch-reformierten Landeskirche, der römisch-katholischen Kirche, der christlich-orthodoxen Kirche, der Pfingstbewegung etc.)

a.b. die säkular-christliche Gemeinschaft (die bisher nichtreligiösen Kirchenmitglieder und die Konfessionslosen)

---

28 Bundesamt für Statistik 2018: 5

b. die anderen Religionen und Glaubensgemeinschaften bzw. Vereinigungen (muslimische, jüdische, buddhistische und hinduistische Gemeinschaften)

c. unbekannt, d. h. die Menschen, die keine Angaben machen

Wir korrigieren nun die Konfessionsstatistik aus dem Jahre 2016 anhand der neuen Typologie mit folgenden Annahmen:

Annahme 1: Wie viele der bisher nichtreligiösen Kirchenmitglieder treten effektiv dem säkularen Christentum bei? Ich gehe davon aus, dass sämtliche nichtreligiösen Kirchenmitglieder dem säkularen Christentum beitreten werden. Diese Menschen haben nun die Chance, authentische Christen zu sein, ohne Steuern bezahlen zu müssen.

Annahme 2: Wie viele der bisher konfessionslosen Menschen treten dem säkularen Christentum bei? Ich gehe davon aus, dass etwa 80% der bisher Konfessionslosen ebenfalls dem säkularen Christentum beitreten werden. Das ist allerdings eine sehr grobe und vielleicht etwas zu optimistische Schätzung. Ohne direkte Befragung der heutigen Konfessionslosen wissen wir das nicht. Was denken Atheisten und Freidenker? Oder solche Menschen, die die Kirche verlassen haben, um Steuern zu sparen? Für unsere Berechnung gehen wir nun aber einmal von Übertritten in der Höhe von 80% aus. Die übrigen 20% der bisherigen Konfessionslosen ordnen wir der Gruppe „unbekannt" zu.

Mit der neuen Typologie sieht die Konfessionsstatistik für die Schweizer Bevölkerung plötzlich ganz anders aus:

87% gehören jetzt der christlichen Gemeinschaft an, davon
39% dem konfessionellen Christentum und
48% dem säkularen Christentum
7% gehören einer anderen Religion oder Glaubensgemeinschaft an
6% sind unbekannt

Religionszugehörigkeit nach bisheriger und neuer Typologie (ständige Wohnbevölkerung ab 15 Jahre in 1.000)		
a) Bisherige Typologie 2016		
Römisch-katholische Kirche	2.548	36,5%
Evangelisch-reformierte Landeskirche	1.710	24,5%
Total beide Großkirchen	4.258	61,0%
Andere christliche Gemeinschaften	412	5,9%
Total christliche Glaubensgemeinschaften	4.670	66,9%
Andere Religionen	482	6,9%
Konfessionslose	1.738	24,9%
Unbekannt	91	1,3%
Total alte Typologie	6.981	100,0%
b) Neue Typologie		
Römisch-katholische Kirche	1.503	21,5%
Evangelisch-reformierte Landeskirche	787	11,3%
Total beide Großkirchen	2.290	32,8%
Andere christliche Gemeinschaften	412	5,9%
Total konfessionell-christliche Gemeinschaften	2.702	38,7%
Säkular-christliche Gemeinschaft	3.359	48,1%
Total christliche Gemeinschaft	6.061	86,8%
Andere Religionen	482	6,9%
Unbekannt	438	6,3%
Total neue Typologie	6.981	100,0%

Die neue Konfessionsstatistik zeigt zum ersten Mal ein korrektes Abbild der religiösen Landschaft der Schweiz. Die christliche Gemeinschaft springt dank dem Einzug der Konfessionslosen von 68% auf stolze 87%. Das Christentum findet zur alten Stärke zurück. Der Anteil der konfessionellen Christen, der religiösen Menschen, fällt hingegen unter die Hälfte aller Christen. Das Schweizerische Bundesamt für Statistik ist gefordert, die konfessionelle Realität zu akzeptieren und das säkulare Christentum öffentlich zu anerkennen.

Eine Zahl aus der neuen Typologie müssen wir im Kopf behalten, nämlich 2,3 Mio. (gerundet von 2,290 Mio.) als Zahl für die Mitglieder, welche die beiden großen Kirchen, die römisch-katholische und die evangelisch-reformierte Landeskirche, in Zukunft zu betreuen haben anstatt der bisher 4,3 Mio. Mitglieder (gerundet von 4,258 Mio.). Die Zahl bildet die Basis für die Berechnung der zukünftigen Kircheneinnahmen.[29]

2.1.3

Redlichkeit

Das Postulat eines offenen Christentums ist die eine Sache, die praktische Umsetzung die andere. Auf das Postulat müssen Taten folgen, und das geht nur mit Redlichkeit. Diese ist die Tugend, gerecht, aufrichtig oder loyal nach den Regeln einer Gemeinschaft zu handeln.[30] Redlichkeit hat mit Ehrlichkeit zu tun. Die Kirchen sollen redlich sein. Die Hälfte aller Kirchenmitglieder

---

29 Siehe Kapitel III/3.1.3
30 Redlichkeit, Wikipedia, unter: https://de.wikipedia.org/wiki/Redlichkeit (16.9.2018)

hat keinen Bezug mehr zu Jesus Christus. Wir haben bereits gesehen: Die kirchliche Doktrin, die am Christusglauben festhält, ist eine Fallgrube. Die Kirchen kennen und fürchten diese. Sie schweigen das Thema lieber tot und halten die Steuerhand weiterhin offen. Aber das ist nicht redlich. Redlich ist es, den nichtreligiösen Kirchenmitgliedern die Augen zu öffnen und sie zu einem Kirchenaustritt zu bewegen. Auch die Menschen sollen redlich sein. Nichtreligiöse Menschen gehören in keine Kirche. Ich höre hunderte von Ausreden und Notlügen. Die Wahrheit ist Apathie, Ignoranz, Eigennutz. Man könnte die Kirche ja irgendwann noch gut gebrauchen, als Eventorganisation für Taufe, Heirat und Beerdigung. Aber das ist nicht redlich. Nichtreligiöse Kirchenmitglieder sind dazu angehalten, die Kirche zu verlassen. Die Kirche ist keine Eventorganisation. In religiösen Fragen plädiere ich für ein Schwarz-Weiß-Verständnis. Die Leute sind entweder religiös und Mitglied einer Kirche oder sie sind nicht religiös und deshalb kein Mitglied. Joseph Ratzinger ist für mich einer der besten Theologen der Gegenwart. Die konservative Haltung in kirchlichen Fragen und die Führungsqualitäten des emeritierten Papst Benedikt XVI. können kritisiert werden, nicht aber sein scharfsinniges theologisches Denken. Zum Agnostizismus[31], den er ablehnt, sagt er: „Vor der Frage nach Gott sei dem Menschen Neutralität nicht eingeräumt. Er könne nur ja oder nein sagen und dies jeweils mit allen Konsequenzen bis in die kleinsten Dinge des Lebens hinein."[32] Ratzingers Meinung ist auch meine. In religiösen Fragen gibt es keine graue Zone. Agnostizismus ist ganz einfach nur eine Ausrede, um nicht klar Stellung beziehen zu müssen. Auch das sind Ausreden: an eine höhere Macht oder spirituelle Kraft im Universum zu glauben oder gar auf einem Privatglauben zu beharren. Ich kann immer wieder nur betonen: Religiös im christlichen Sinne ist, wer sich zu Jesus Christus bekennt.

---

31 Agnostiker beantworten die Frage „Gibt es einen Gott?" nicht mit ja oder nein, sondern mit „Ich weiß es nicht".
32 Ratzinger, Joseph: Auf Christus schauen, Freiburg i.Br. 2007, 21

2.1.4

Moral

Legitimität, öffentliche Anerkennung und Redlichkeit sind die drei wichtigsten Voraussetzungen, um den nichtreligiösen Menschen die Aufnahme in das Christentum zu ermöglichen. Die Voraussetzungen sind gegeben. Das Christentum ist nun offen und allen Menschen zugänglich. Ist der offene Zugang zum Christentum aber auch ein freier? Nein, der Zugang ist kein Freipass für eine selbstbestimmte und moralisch fragwürdige Lebensführung. Christsein ist auch für nichtreligiöse Menschen die verbindliche und verantwortungsvolle Teilnahme an der christlichen Gemeinschaft mit roten Linien, die nicht überschritten werden dürfen. Diese sind die moralischen Leitplanken, welche die nichtreligiösen Mensch nicht überschreiten dürfen.

Im konfessionellen Christentum kommt die Moral von Gott. Im säkularen Christentum fehlt Gott. Woher kommt jetzt die Moral? Es gibt zwei Möglichkeiten: Von einem Gott der Philosophen oder vom Menschen selbst. Bevor wir mit dem Gott der Philosophen beginnen, definieren wir noch kurz den Begriff „Moral". Darunter verstehen wir die Regeln, welche ein richtiges Handeln ausmachen und von allen zu befolgen sind. Das Gebot „Du sollst nicht töten" ist eine solche Regel. In der Moral geht es also um die Regulierung des Handelns durch allgemeingültige Normen.[33] Zu diesen gehören Gesetze, Vorschriften, Verbote und eben Gebote. Moral ist nicht zu verwechseln mit Ethik, obwohl es auch hier um das richtige Handeln geht. Bei der Ethik stehen aber nicht die Gebote im Vordergrund, sondern das Nachdenken, die Reflexion

---

33 Reuter, Hans-Richard: Grundlagen und Methoden der Ethik, in: Handbuch der Evangelischen Ethik, Hrsg. Huber, Wolfgang, Meireis, Torsten und Reuter, Hans-Richard, München 2015, 15

über das richtige Handeln, so zum Beispiel das Nachdenken über den Begriff „Gerechtigkeit". Was heißt Gerechtigkeit für den Einzelnen oder für die Gesellschaft als Gesamtes?

a) Moral kommt vom Gott der Philosophen

Philosophen haben seit jeher versucht, den biblischen Gott durch eine Gottesidee zu ersetzen. Es ist die Idee von der Existenz eines abstrakt gedachten Gottes als eine übergeordnete moralische Autorität, welche für Gerechtigkeit und Recht sorgt. Wir schauen uns solche Gottesideen einmal etwas näher an:

Platon (vermutlich 428–348/347 v. Chr.)

Der griechische Rhetoriklehrer Protagoras (etwa 480–411 v. Chr.) behauptet, der Mensch sei das Maß aller Dinge.[34] Platon widerspricht ihm: „Der Gott dürfte nun für uns am ehesten das Maß aller Dinge sein, und dies weit mehr als etwa, wie manche behaupten, irgendein Mensch."[35] Platon ist davon überzeugt, dass der Mensch nach dem Guten strebt, weil er darin sein Glück sieht. Er befürchtet, dass seine Überzeugung durch den Satz des Protagoras auf dem Spiel steht, wenn der Mensch zum Maß aller Dinge wird.[36] Platon will mit seiner Gottesidee verhindern, dass der

---

34 Platon: Theaitetos, bearbeitet von Staudacher, Peter/Deutsche Übersetzung Schleiermacher, Friedrich, Band 6, Darmstadt 1970, 31 (152a)
35 Platon: Nomoi, in: Platon Werke, Nomoi, Buch IV-VII, 4,716c, Übersetzung und Kommentar Schöpsdau, Klaus, Göttingen 2003, 24
36 Bredow, Udo, Mayer, Annemarie C.: Der Mensch – das Maß aller Dinge? 14 Antworten großer Denker, Darmstadt 2001, 75

Mensch selbst zur übergeordneten moralischen Instanz und zum Maß aller Dinge wird und damit Gerechtigkeit und Recht verletzt.

Immanuel Kant (1724–1804)

Kant war nicht religiös, er glaubte an keinen Gott.[37] Und doch kommt der bedeutendste Philosoph der Aufklärung auch nicht um die Idee einer Gottesexistenz herum, allerdings nur als ein Postulat der praktischen Vernunft. Seine Theorie beginnt mit einer Frage: Lohnt sich ein moralisches Leben überhaupt? Die Frage lässt sich nur dann mit ja beantworten, wenn der Mensch die feste Gewissheit bekommt, dass ein moralisches Leben tatsächlich der Mühe wert ist. Die Gewissheit setzt eine übergeordnete Instanz voraus, welche für das moralische Verhalten der Menschen bürgt und dieses am Lebensende auch würdigt.[38] Und diese Instanz kann, so Kant, letztlich nur Gott sein. Die Belohnung am Ende des Lebens erfolgt mit dem Versprechen auf ein ewiges Leben im Paradies. Ohne Gott wäre ein moralisches Leben kaum der Mühe wert, ein unmoralisches könnte einfacher und glücklicher sein.

Jean-Jacques Rousseau (1712–1778)

Rousseau, Philosoph und Pädagoge, kritisiert die Gesellschaft seiner Zeit. Vor allem die Kirche kommt mit ihren absoluten Wahrheitsansprüchen schlecht weg. Die christliche Religion sei verdorben und eigne sich nicht als „religion civile". In seinem

---

37 Kühn, Manfred: Kant/Eine Biographie, München 2003, 16 f.
38 Reuter 2015: 31

berühmten Gesellschaftsvertrag fordert Rousseau deshalb eine staatsbürgerliche Religion zum Wohle der Allgemeinheit, eine Zivilreligion, welche die Menschen zu moralischem und staatsbürgerlichem Handeln verpflichtet.[39] Voraussetzung sei der Glaube an die Existenz einer mächtigen Gottheit, welche das Universum ordnet und die bösen Menschen bestraft. Gott ist auch bei Rousseau nicht der biblische Gott, sondern die moralisch übergeordnete Instanz als ein abstrakt und transzendent gedachtes Wesen, welches die bürgerliche Gesellschaft zusammenhält.

Amerikanische Zivilreligion

In den USA ist das Konzept der Zivilreligion zu einer festen Institution geworden: In God we trust. Die Souveränität liegt zwar beim Volk, aber die letzte Souveränität hat Gott. Das wichtigste Argument: Die Menschen können sich irren. Die amerikanische Zivilreligion soll das demokratische Gemeinwesen zusammenhalten und vor kurzatmigem Populismus schützen. Ihr Bezug ist immer Law and Order und nie der christliche Gott. Der „Almighty God" ist in der amerikanischen Zivilreligion das oberste Kontrollorgan für die Überwachung der politischen Führung.

---

39 Rousseau, Jean-Jacques: Gesellschaftsvertrag, neu übersetzt und herausgegeben von Brockard, Hans, Stuttgart 1977

Europäische Grundgesetze

Die Zivilreligion hat sich in Europa nie etablieren können. Und doch finden sich viele Gottesbezüge in den Verfassungen und Grundgesetzen der europäischen Länder. Das erstaunt, weil Staat und Kirche doch strikt getrennt sein sollten. Die Präambel zur Bundesverfassung der Schweizerischen Eidgenossenschaft wird 1848 mit der einleitenden „invocatio dei", der Anrufung Gottes, eröffnet: „Im Namen Gottes des Allmächtigen!" Die Anrufung Gottes wird in der Verfassungsrevision von 1999 ergänzt durch den Satz: „Das Schweizervolk und die Kantone in der Verantwortung gegenüber der Schöpfung [...]".[40] Der Bundesrat hält in seiner Botschaft vom 20. November 1996 allerdings fest, dass die beiden Sätze explizit nicht mehr als Ausdruck einer christlichen Exklusivität zu verstehen seien: „Die Anrufung Gottes stellt eine alte Tradition dar, die sich bis in die ersten Bündnisse, welche unter den alten Eidgenossen geschlossen wurden, zurückverfolgen lässt. Ihre Aufnahme in die Präambel der neuen Bundesverfassung stellt einen hochbedeutsamen Traditionsanschluss dar. Inhaltlich soll die ‚invocatio dei' daran erinnern, dass neben den Menschen und dem Staat eine höhere Macht existiert, womit der Wert des Irdischen relativiert wird. Angesichts der verschiedenen Religionen und Weltanschauungen darf diese Macht nicht nur im christlichen Sinne verstanden werden; der Staat darf keine bestimmte Glaubensüberzeugung für verbindlich erklären, und jede Person kann ‚Gott dem Allmächtigen' einen persönlichen Sinn geben."[41]

Auch das deutsche Grundgesetz kennt ein solches Gottesverhältnis. Jutta Limbach (1934–2016), Rechtswissenschaftlerin, Poli-

---

40 Bundesverfassung der Schweizerischen Eidgenossenschaft vom 18. April 1999 (Stand 1. Januar 2018), Präambel
41 Botschaft über eine neue Bundesverfassung vom 20. November 1996, 122 f., unter: www.bj.admin.ch/dam/data/bj/staat/gesetzgebung/archiv/bundesverfassung/bot-neue-bv-d.pdf (16.9.2018)

tikerin und ehemalige Präsidentin des Bundesverfassungsgerichtes, erklärt die Bezugnahme auf Gott im deutschen Grundgesetz als Symbol für „[...] die Abkehr vom totalitären Naziregime und seiner Ideologie. Die Schöpfer des Grundgesetzes wollten deutlich machen, dass der Mensch nicht allmächtig und das Maß aller Dinge sei. Die im Grundgesetz betonte Verantwortung vor Gott ist daher ein Ausdruck der Demut des staatlichen Verfassungsgebers. Die Kernaussage dieser Gottesklausel ist die Einsicht in die Relativität staatlicher Macht: Sie dokumentiert das Selbstverständnis der Mitglieder des Parlamentarischen Rates, dass es überstaatliche Normen und Werte gibt, über die auch der Verfassungsgeber nicht verfügen kann."[42]

Gottesideen sind gutgemeinte Versuche, den biblischen Gott durch ein transzendentes Wesen zu ersetzen, welches auch von nichtreligiösen Menschen akzeptiert werden könnte. Die Versuche bleiben aber Versuche. Gottesideen taugen nicht für das praktische Leben. Transzendent, allmächtig, übergeordnet, überstaatlich, höhere Macht, Wesen, autoritäre Instanz? Solche abstrakten Worte mögen in schön formulierten Texten überzeugend daher kommen. Die ganze Untauglichkeit offenbart sich aber sofort, wenn die Worte einzeln neben einander gereiht werden. Kein Mensch kann solche Worte präzis und verständlich erklären.

Gottesideen sind theoretische Konstrukte, welche nicht über die Theorienbildung hinauskommen. Sie versagen in der praktischen Auslegung. Die Menschen und die Welt werden mit den abstrakten Gottesideen nicht besser. Das Fazit ist eindeutig: Der biblische Gott kann im säkularen Christentum nicht durch einen Gott der Philosophen ersetzt werden.

---

[42] Limbach, Jutta: Artikel: Die kulturellen Werte Europas, in: Eckert. Das Bulletin, Nr. 12, Winter 2012, unter: www.gei.de/fileadmin/gei.de/pdf/publikationen/Bulletin/Bulletin_12/EB_12_03_Limbach.pdf, 14 (30.9.2017)

b) Moral kommt vom Menschen

Jetzt kommt der säkulare Mensch ins Spiel, welcher unverschämt darauf besteht, selber bestimmen zu können, was gut und was schlecht ist, weil er davon überzeugt ist, auch ohne Gott ein guter Mensch zu sein, einer, der moralisch richtig handelt. Mit Unverschämtheit kommt man aber nicht in das säkulare Christentum. Der säkulare Mensch muss für den Beitritt drei Bedingungen erfüllen: Er muss sich erstens zu den modernen Grundwerten bekennen und seine Lebensführung an diesen ausrichten. Solche Grundwerte sind zum Beispiel Gerechtigkeit, Freiheit oder Gleichheit. Zweitens muss er die Gesetze des Rechtsstaates befolgen. Grundwerte und Gesetze genügen aber nicht, um die Menschen vom bösen Handeln abzubringen. Es braucht drittens die Einsicht in die Bösartigkeit der eigenen Person.

Bevor wir auf die drei Bedingungen eingehen, fragen wir uns vorerst, woher die heutigen Moralvorstellungen überhaupt kommen. Die modernen Grundwerte und Normen sind im 20. Jahrhundert nicht einfach aus dem Nichts entstanden. Sie hatten berühmte Vorbilder. Die Botschaft des Neuen Testamentes, welche mit der Bergpredigt und dem Gebot der Nächstenliebe das christliche Menschenbild geschaffen hat, war zum Beispiel ein solches Vorbild bei der Formulierung der universellen Menschenrechte.

Die Bergpredigt und das Gebot der Nächstenliebe als Vorbild für moderne Grundwerte und Gesetze

„Als er nun die vielen Menschen sah, stieg er auf den Berg; und als er sich gesetzt hatte, traten seine Jünger zu ihm. Und er tat seinen Mund auf und lehrte sie."[43] Der unbekannte Verfasser des

---

43 Das Evangelium nach Matthäus, in Zürcher Bibel 2007: 5,1-5,2

Matthäus-Evangeliums wollte mit der Bergpredigt die Menschen der damaligen Zeit besser machen, anständiger, aufrichtiger, moralischer. Er schuf das christliche Bild vom guten Menschen mit einer Kultur der Barmherzigkeit. In der Einleitung zur Bergpredigt, der Seligsprechung, sagt Jesus, wer die guten und wahren Menschen sind: Es sind die Armen im Geist, die Trauernden, Gewaltlosen, Barmherzigen und diejenigen, die nach Gerechtigkeit dürsten, Frieden stiften, reinen Herzens sind und um der Gerechtigkeit willen verfolgt werden.[44] In der Bergpredigt selbst geht es dann um konkrete Gebote zu Gerechtigkeit, Versöhnung, Feindesliebe, Vergeltung, Ehebruch, Schwören und Almosengeben. Das Gebot der Nächstenliebe ergänzt die Bergpredigt. Wer zur Nächstenliebe ja sagt, sagt auch ja zu Gott.[45] In der Geschichte vom barmherzigen Samaritaner spricht Jesus zum Gesetzeslehrer: „Du sollst den Herrn, deinen Gott, lieben mit deinem ganzen Herzen und mit deiner ganzen Seele und mit all deiner Kraft und mit deinem ganzen Verstand, und deinen nächsten wie dich selbst."[46]

Zwei Beispiele, das Gebot der Gleichheit und das Verbot der Tötung, sollen deutlich machen, wie das christliche Menschenbild als Impuls in die heutigen Werte und Gesetze eingeflossen ist. Die Bibel fordert die Gleichheit, weil alle Menschen von Gott geschaffen sind. Paulus formuliert das Postulat der Gleichheit im Brief an die Römer kurz und bündig: „Denn bei Gott ist kein Ansehen der Person."[47], und etwas ausführlicher im Brief an die Galater: „Da ist weder Jude noch Grieche, da ist weder Sklave noch Freier, da ist nicht Mann und Frau. Denn ihr seid alle eins in Christus Jesus."[48] Die beiden Texte des Paulus sind das biblische

---

44 Das Evangelium nach Matthäus, in Zürcher Bibel 2007: 5,3–5,12
45 Ernst, Wilhelm: Nächstenliebe, in: Lexikon für Theologie und Kirche, Band 7, Hrsg. Kasper, Walter, Sonderausgabe 2009, Freiburg im Breisgau 2009, 613 ff
46 Das Evangelium nach Lukas, in Zürcher Bibel 2007: 10,27
47 Paulus: Der Brief an die Römer, in Zürcher Bibel 2007: 2,11
48 Paulus: Der Brief an die Galater, in Zürcher Bibel 2007: 3,28

Pendant zu Artikel 1 der Allgemeinen Erklärung der Menschenrechte von 1948: „Alle Menschen sind frei und gleich an Würde und Rechten geboren."[49] Ein weiteres Beispiel ist das Tötungsverbot. Jesus sagt in der Bergpredigt: „Ihr habt gehört, dass zu den Alten gesagt wurde: Du sollst nicht töten! Wer aber tötet, der sei dem Gericht übergeben."[50] Das Schweizerische Strafgesetzbuch legt fest: „Wer vorsätzlich einen Menschen tötet, [...] wird mit Freiheitsstrafe nicht unter fünf Jahren bestraft."[51] Die beiden Beispiele zeigen sehr schön auf, wie sich die Texte inhaltlich gleichen. Der säkulare Mensch, der sich gerne über die Texte der Bibel hinwegsetzt, sollte wissen, dass viel alter Wein in neue Schläuche geleitet worden ist. Das moderne Menschenbild mit seiner Orientierung an den Grundwerten und Gesetzen ist keine Neuerfindung, sondern entspricht weitgehend dem christlichen Menschenbild aus dem Neuen Testament. Das ist auch keine Überraschung. Wo immer Menschen sich zusammenfinden und eine Gemeinschaft gründen, stellen sie schnell einmal Regeln für ein friedliches und gut funktionierendes Zusammenleben auf. Solche Regeln hat es deshalb schon für die Gesellschaften vor der Zeit Jesu Christi gegeben, und sie sind immer die gleichen. Auch das christliche Menschenbild der Bibel ist keine Neuerfindung.

Wir fassen zusammen: Das Menschenbild im konfessionellen Christentum ist identisch mit dem Menschenbild im säkularen Christentum. Sie sind beide christlich. Nur die Orientierung ist eine andere: Im konfessionellen Christentum orientieren sich die Menschen primär an der Bergpredigt, im säkularen an den Grundwerten und Gesetzen des Rechtsstaates.

---

49 Allgemeine Erklärung der Menschenrechte von 1948, Artikel 1, unter: www.ohchr.org/en/udhr/pages/Language.aspx?LangID=ger (21.9.2018)
50 Das Evangelium nach Matthäus, in Zürcher Bibel 2007: 5,21
51 Schweizerisches Strafgesetzbuch vom 21. Dezember 1937 (Stand 1.3.2018), Art. 111

Grundwerte

Moderne Grundwerte sind die Leuchtfeuer der säkularen Ethik: Liberté, Égalité, Fraternité. Die Leuchtfeuer der Französischen Revolution sind aus den Auffassungen von Renaissance-Humanismus (15. und 16. Jahrhundert) und Aufklärung (18. Jahrhundert) hervorgegangen.

Die meisten Verfassungen von demokratisch geführten Staaten enthalten solche Grundwerte. Die Schweizer Verfassung nennt zum Beispiel folgende Werte: Freiheit, Demokratie, Unabhängigkeit, Frieden in Solidarität und Offenheit gegenüber der Welt, gegenseitige Rücksichtnahme, Achtung ihrer Vielfalt in der Einheit, Verantwortung gegenüber künftigen Generationen, das Wohl der Schwachen.[52] Werte sind „eine von der Mehrheit einer Gruppe [...] geteilte allgemeine Vorstellung darüber, was gut oder schlecht, was wünschenswert oder unerwünscht ist".[53] Werte sind die Seele einer Gemeinschaft. Ohne ein Minimum an gemeinsamen Werten, Normen und Haltungen ist weder in einer kleineren noch in einer größeren Gemeinschaft ein menschenwürdiges Zusammenleben möglich.[54] Menschen müssen wissen, was sie in der Gemeinschaft voneinander erwarten.

Wertebegriffe haben aber auch ihre Schwachpunkte. Werte sollen andere Kulturen weder ausgrenzen noch diskriminieren. Das gelingt am besten, wenn Werte abstrakt formuliert werden und keine spezifischen Handlungen vorschreiben.[55] Abstrakt formulierte Begriffe haben aber den Nachteil, dass sie immer innerhalb des Theoretischen bleiben. Der Bezug zur Wirklichkeit fehlt. Was heißt Freiheit im Einzelfall konkret? Was heißt Freiheit im Kontext von Gleichheit? Abstrakte Begriffe brauchen viel Dis-

---

52 Bundesverfassung der Schweizerischen Eidgenossenschaft 1999: Präambel
53 Joas, Hans, Wiegandt, Klaus: Die kulturellen Werte Europas, 5. Auflage, Frankfurt am Main 2010, 515
54 Küng, Hans: Projekt Weltethos, 11. Auflage, München 1990, 49
55 Thome, Helmut, in: Die kulturellen Werte Europas 2010: 391

kurs und Erklärung, um alltagstauglich zu werden. Werte werden oft auch überdehnt und missbraucht. Der Ruf nach „Solidarität" verpufft, wenn er von den gleichen Menschen für immer neue Begehrlichkeiten ausgesendet wird. Die Menschen sind nicht dumm. Sie wissen, dass Werte nie objektiv sind, sondern immer subjektive Präferenzen zum Motiv haben.[56] Für wen, was, wie, wo und weshalb solidarisch sein? Was ich solidarisch für mich einfordere, mag für andere Egoismus bedeuten. Schließlich gibt es zu viele Wertekataloge. Jedes Land hat seinen eigenen mit den unterschiedlichsten Weltanschauungen. Die Vielfalt der Kataloge zeigt die Schwierigkeit, Wertebegriffe aus der subjektiven Ecke zu holen und aus ihnen konkrete und allgemeingültige Handlungsregeln zu machen.

Ich möchte die Wertebegriffe nicht schlechtreden. Werte braucht es, um einen Diskurs darüber zu führen, was ein gutes Leben ist oder eben nicht. Aber Werte alleine genügen nicht, um den Menschen vom Bösen abzuhalten. Es braucht zusätzlich die ordnende Hand des Rechtsstaates.

Gesetze

Die Menschen halten die Gesetze des Rechtsstaates normalerweise ein. Sie werden bestraft, wenn sie sie missachten. Gesetze haben einen stärkeren Einfluss auf das Verhalten der Leute als Werte. Niemand geht gerne ins Gefängnis. Gesetze sagen allerdings noch nichts über den Menschen selbst aus. Wenn ich nicht töte, dann handle ich zwar gut, das heißt aber noch nicht, dass ich auch ein guter Mensch bin. Gesetze gehören in den Bereich der Justiz. Sie sind eine Art „rote Ampel". Die Gesinnung ist hier

---

56 Handnotizen aus dem Seminar Grundkurs „Ethik", Prof. Dr. Meireis, Torsten, Theologische Fakultät der Universität Bern, 16.9.2015

nicht wichtig.[57] Dabei wäre es gerade wichtig, etwas über diese zu erfahren. Der Enkel kann seine gehbehinderte Oma sicher über den Verkehrsstreifen führen, weil er ihr gutgesinnt helfen will oder weil er sich bei ihr einschmeicheln will, um sie zu beerben.

Die Einsicht in die Bösartigkeit der eigenen Person

Der gute Mensch orientiert sich an den Grundwerten und hält die Gesetze ein. Aber die Gefängnisse sind voll. Den guten Menschen gibt es nur in der Theorie. Kant sagt, der Mensch sei von Natur aus radikal böse.[58] Der österreichische Kriminalpsychologe und Profiler Thomas Müller behauptet, dass jeder Mensch unter widrigen Umständen ein Tötungsdelikt begehen könnte. Für ihn ist jeder suspekt, der noch nie über ein solches nachgedacht hat.[59] Aber auch den ausschließlich bösen Menschen gibt es nur in der Theorie. Die Wahrheit liegt wohl in der Mitte. Der bekannte deutsche Strafverteidiger und Bestsellerautor Ferdinand von Schirach sagt: „In meinen Geschichten sind die Menschen ambivalent, so wie wir alle ambivalent sind. Ich habe in den 30 Jahren, die ich in der Strafjustiz tätig war, keinen Menschen kennengelernt, der nur gut oder nur böse ist. Das gibt es nicht."[60] Der Mensch ist gut und böse zugleich.

Wir kommen jetzt zum bösen Menschen. Wir sind nicht mehr beim guten Menschen, welcher seine Grundwerte hoch- und die Gesetze einhält, sondern bei Rücksichtslosigkeit, Pöbelei,

---

57 Handnotizen Grundkurs „Ethik": 16.9.2015
58 Kant, Immanuel: Die Religion innerhalb der Grenzen der Vernunft, Hrsg. Vorländer, Karl, 3. Auflage, Leipzig 1903, 28 ff
59 Müller, Thomas: „Einer tötete, weil der Chef nervte", Interview in der Berner Zeitung vom 3.5.2018, 24
60 Von Schirach, Ferdinand: „Nur uns selbst können wir nicht vergeben", Interview im Spiegel, Online-Ausgabe 10/2018, 69

Mord und Totschlag, bei Kriegen und Katastrophen. Wir sind bei Gier, Hass und Verblendung. Wir sind beim Enkel, der seine Oma beerben will.

Zwei Grundübel zeichnen unsere moderne Welt aus: die Maßlosigkeit und die Ignoranz.

Maßlosigkeit

Der maßlose Mensch profitiert am meisten, wenn Gott als oberste moralische Autorität wegfällt. Er springt sofort auf den leergewordenen Stuhl und zwingt den anderen Menschen die eigene Moral auf. Wir schauen uns ein paar Beispiele an. Die Liste der Diktatoren, die jedes moralische Selbstmaß verloren haben, ist lang: Hitler (1889–1945), Stalin (1878–1953) und Mao Tsetung (1893–1976) sind nur einige der vielen Beispiele aus dem 20. Jahrhundert, welche ein verheerendes Erbe hinterlassen haben. Zusammen sind die drei verantwortlich für den Mord an über 100 Mio. Menschen.

Und es gibt die weniger schrecklichen Beispiele. Banker wurden früher einmal Masters of the Universe genannt, Meister des Universums. Sie hielten sich selber für unfehlbar und das Maß aller Dinge. Die Sorgen der kleinen Leute im eigenen Land interessierte sie nicht. Sie setzten sich lieber in ihre Privatjets und machten Geschäfte mit ausländischen Investoren. Die Finanzkrise von 2007 zerstörte dann die Mär vom Master. Die verschmähten kleinen Leute mussten die Zeche mit den Steuern bezahlen und die Banken retten.

Und dann kommt die Heerschar der vielen kleinen, aber supergeilen und supergenialen Masters. Selbstverliebt und narzisstisch machen sie das Leben anderer Menschen unerträglich und zur Hölle, überall auf der Welt und zu jedem Zeitpunkt, in der Familie, im Beruf, in der Schule, beim Sport, auf der Straße, im Zug, in den Ferien. Menschen, die ihre Maßlosigkeit nicht erkennen, handeln unmoralisch und schaden der Gesellschaft. Die Welt wird mit ihnen nicht besser, sondern schlechter.

Ignoranz

Ignoranz ist ein weiteres gesellschaftliches Grundübel. Ignoranz hat mit Missachtung zu tun, mit Geringachtung und Respektlosigkeit. Der kürzlich verstorbene Physiker Stephen Hawking (1942–2018) sagte: „Man kann nicht beweisen, dass Gott nicht existiert. […] Aber die Wissenschaft macht Gott überflüssig."[61] Das ist eine sehr arrogante These, weil sie all jene Wissenschaftlerinnen und Wissenschaftler vor den Kopf stößt, welche religiös sind, und die gibt es tatsächlich auch.

Demut und die Arschloch-Erkenntnis

Das Gegenteil von Maßlosigkeit und Ignoranz ist Demut. Diese hat nichts mit Feigheit oder Schwäche zu tun, sondern ist eine innere Grundhaltung, die es dem Menschen verbietet, sich über andere Menschen oder die Gesetze zu stellen. Demut hat mit Menschenwürde zu tun, sie ist „[…] Indikator für die eigentliche Würde des Menschen als eines freiheitlichen Vernunftwesens."[62] Es stellt sich die Frage, wie der Mensch demütig wird. Der Weg zur De-

---

61 Hawking, Stephen: Interview mit dem US-Fernsehsender ABC 2010, zitiert nach: Kotsch, Michael: Der Bibelbund 16.3.2018, unter: https://bibelbund.de/2018/03/zum-tod-von-stephen-hawkings-und-gott-existiert-doch/ (16.9.2018)
62 Philosophisches Wörterbuch: Demut, Hrsg. Gessman, Martin, Stuttgart 2009, 154

mut führt wohl nur über eine schonungslose Selbsterkenntnis. Der Mensch muss erkennen, dass er nicht nur gut ist, sondern immer wieder auch ein „Arschloch". Es fällt mir als Bild der Selbsterkenntnis leider nichts Besseres ein. Ich gehe aber davon aus, dass die meisten Menschen sehr gut verstehen, was damit gemeint ist.

Der Amerikaner Aaron James, Professor für Philosophie an der University of California, hat 2012 ein bemerkenswertes und vielbeachtetes Buch mit dem Titel „Arschlöcher – Eine Theorie" herausgegeben.[63] James beschreibt das Verhalten eines Arschloches wie folgt:

1. Er nimmt sich Freiheiten heraus, und zwar systematisch

2. Er tut dies aus dem tief verwurzelten Glauben heraus, darauf Anspruch zu haben

3. Diese Selbstgerechtigkeit macht ihn unempfänglich für die Einwände anderer[64]

Das hier beschriebene Arschloch ist nichts anderes als unser maßloser und ignoranter Mensch. James definiert verschiedene Arschlochtypen wie das rüpelhafte, arrogante, rücksichtslose und selbstherrliche Arschloch, das Arschloch als Chef, als König, als Präsident oder als Manager. Die Theorie kommt aber trotz vieler Ermessenskriterien nie über die Subjektivität hinaus. James nennt immer wieder Namen, bekannte Gesichter, als Beispiel für bestimmte Arschlochtypen. Und das ist unseriös. Es gibt vermutlich Menschen, die James persönlich kennen und ihn nach ihren eigenen, ganz anderen Ermessenskriterien ebenfalls als Arschloch bezeichnen. Ich übernehme zwar James' Theorie, verzichte aber auf eine Typologisierung mit Ermessenskriterien und mache gleich alle Menschen

---

63 James, Aaron: Arschlöcher/Eine Theorie, München 2014
64 James 2014:15

zu Arschlöchern. Meine eigene Arschloch-Theorie mag zwar immer noch subjektiv sein, aber sie ist wenigstens fair, schweizerisch-demokratisch. Es ist gut zu wissen, dass die Erkenntnis nicht nur mich betrifft, sondern alle anderen Menschen auch. Die Arschloch-Erkenntnis muss wie ein Sturmwind kommen. Sie kommt, wenn ich mich morgens nackt im Spiegel betrachte und erkenne, wo ich geboren bin, nämlich nicht in einer privilegierten Familie der westlichen Gesellschaft, sondern wie alle Menschen auch im Mutterleib zwischen Kot und Urin.[65] Es gibt keine Ausreden mehr. Der römische Philosoph und Schriftsteller Seneca (4 v. Chr.–65 n. Chr.) sagte: „Wer an den Spiegel tritt, um sich zu ändern, der hat sich schon geändert."[66] Und der Mensch handelt. Kein Mensch auf der Erde will ein Arschloch sein. Er will ein guter Mensch sein. Er verbringt den Tag freundlich und rücksichtsvoll, er ist hilfsbereit, tolerant und gerecht, schont die Umwelt und lässt das Smartphone liegen, weil er sonst im Bus nicht sieht, wenn eine ältere Dame einsteigt und seinen Sitzplatz benötigt. Der gute Mensch wird von seinen Mitmenschen geachtet und kann am Abend stolz auf sich sein. Der gute Mensch ist nicht maßlos und ignorant, sondern demütig und kann seine eigene Bösartigkeit erkennen.

c) Zusammenfassung

Der säkulare Mensch orientiert sich in seinem moralischen Verhalten an den modernen Grundwerten, hält die Gesetze des Rechtsstaates ein und hat Einsicht in die Bösartigkeit der eigenen Person. Säkulare Menschen sind nicht besser als religiöse, religiöse nicht

---

65 „Inter faeces et urinam nascimur", zwischen Kot und Urin sind wir geboren, sagte der berühmte Kirchenlehrer Augustinus; es gibt allerdings keinen Beweis für diese Aussage
66 Seneca, Annaeus L.: Mächtiger als das Schicksal, Hrsg. Schumacher, Wolfgang, Zürich 1999, 246

besser als säkulare. Es gibt keine Statistiken, die einen Unterschied beweisen könnten. Religiöse und säkulare Menschen beantworten Fragen zu Ehrlichkeit, Hilfe, Gewalt oder Verzeihung auf dieselbe Art und Weise.[67] Unterschiede mögen in gewissen persönlichen Moralvorstellungen liegen, wie zum Beispiel betreffend Homosexualität, vorgeschlechtliche Ehe, Abtreibung, Drogen- und Alkoholkonsum oder Gleichstellung der Frau. Persönliche Moralvorstellungen wird es immer geben. Wichtig ist der Grundsatz, wonach die Ausübung dieser Moralvorstellungen nie gegen die Verfassung und die Gesetze des Rechtsstaates verstoßen dürfen. Konfessionelle und säkulare Christen sind Menschen, die sich gegenseitig achten. Säkulare Menschen sind keine materialistischen Gottesfeinde, die in ihrem kalten Egoismus die Religionen beseitigen wollen. Und konfessionelle Menschen sind keine Museumsstücke des Abendlandes oder gläubige Fanatiker.

2.1.5

Freiwilligenarbeit

Viele Kirchenmitglieder engagieren sich in ihren Gemeinden freiwillig und unentgeltlich. Die Freiwilligenarbeit ist für das kirchliche Leben elementar, ja sie prägt es sogar weitgehend.[68] Der Präsident des Diakonischen Werkes der Evangelischen Kirche in Deutschland bezeichnet Menschen, die sich in der Kirche engagieren, als Gestalterinnen und Gestalter von Solidarität und

---

67 Zuckerman, Phil, Galen, Luke W., Pasquale Frank L: The Nonreligious, New York 2016, 151
68 Reformierte Kirchen Bern-Jura: Freiwilligenarbeit und Ehrenamt in der Kirche, Bern 2000, 1

Gerechtigkeit im Gemeinwesen.[69] Die Europäische Kommission sieht die Freiwilligentätigkeit als gelebte Bürgerbeteiligung, die gemeinsame europäische Werte wie Solidarität und sozialen Zusammenhalt stärkt.[70] Die römisch-katholische Pfarrei Dreifaltigkeit der Stadt Bern schreibt zur Freiwilligenarbeit: „Die Pfarrei Dreifaltigkeit wird von vielen Menschen mitgetragen. […] Rund 300 Frauen und Männer bekunden ihre Mitgliedschaft damit, dass sie der Pfarrei SozialZeit schenken. Wir sind für diese Situation dankbar, sind dankbar all jenen gegenüber, die sich unentgeltlich in der Pfarrei einsetzen und hier ein solidarisches Netzwerk bilden."[71] Kirchenmitglieder betreuen in ihrer Gemeinde Kinder, Jugendliche und ältere Menschen. Sie helfen Kranken, Suchtabhängigen, Obdachlosen, Blinden, Behinderten, Asylsuchenden oder Migranten und bringen ehemalige Häftlinge wieder auf die Beine. Je mehr Menschen die Kirchen verlassen, umso weniger werden dazu bereit sein, sich freiwillig und unentgeltlich zu engagieren. Verschiedene Umfragen deuten darauf hin, dass konfessionelle Menschen eher zu Freiwilligenarbeit bereit sind als säkulare.[72] Die Befragungen sind aber umstritten. Ich nehme einmal an, dass sich viele Säkulare die Frage nach Freiwilligenarbeit erst einmal gar nicht stellen, nicht stellen wollen oder nicht wissen, wo ein freiwilliger Einsatz in der Gemeinde überhaupt möglich ist. „Freiwilligenarbeit leisten" und „Sozialzeit schenken" werden auch im säkularen Christentum erwartet. Wie und wo kann der säkulare Mensch soziale Freiwilligenarbeit leisten?

---

69 Stockmeier Johannes: Vorwort zur Studie „Freiwilliges Engagement in Einrichtungen und Diensten der Diakonie, Hrsg. Diakonisches Werk der Evangelischen Kirche in Deutschland e.V., Diakonische Texte/Statistische Informationen 04.2012, 3

70 Europäische Kommission/Citizenship: Europäisches Jahr der Freiwilligentätigkeit 2011, unter: http://ec.europa.eu/citizenship/european-year-of-volunteering/index_de.htm, 1 (16.9.2018)

71 Pfarrei Dreifaltigkeit Bern: Freiwilligenarbeit, Internetportal der römisch-katholischen Kirche im Kanton Bern, unter: https://www.kathbern.ch/pfarreien-seelsorge/pfarreien/bern-dreifaltigkeit/freiwilligenarbeit/, (16.9.2018)

72 Zuckerman 2016: 163

Es gibt viele Möglichkeiten. Die lokalen Altersheime, Spitäler oder Flüchtlingsheime sind für jede Hilfe dankbar.

Die Regeln für die Freiwilligenarbeit sind:

» Sie ist unentgeltlich.

» Sie beschränkt sich auf den sozialen Bereich. Es geht nicht um das Kassieramt im Golfclub oder um das Präsidium in einer politischen Partei.

» Sie beschränkt sich geographisch auf die kommunale und nachbarschaftliche Ebene. Es geht nicht um einen Einsatz für das Rote Kreuz im Ausland.

» Sie beschränkt sich auf 1 bis 6 Stunden pro Woche.

Viele säkulare Menschen leisten bereits heute Freiwilligenarbeit, für hilfsbedürftige Verwandte und Bekannte, für Kinder oder für Flüchtlinge. Zur Freiwilligenarbeit aufgefordert sind vor allem jene Menschen, welche Zeit dazu hätten, aber aus Passivität oder Ignoranz nichts machen. Freiwilligenarbeit soll zum selbstverständlichen Bestandteil des Lebens und zum Ausdruck des Verantwortungsbewusstseins gegenüber der Gesellschaft werden.[73] Freiwilligenarbeit kann auch Spaß machen. Nach einer repräsentativen Studie des Diakonischen Werkes der Evangelischen Kirche in Deutschland aus dem Jahre 2010 geben 73 % der Befragten an, sie würden sich freiwillig engagieren, weil sie ihre Arbeit sinnvoll finden, 67 % weil sie Spaß daran haben, 42 % weil sie gebraucht werden und 38 % weil sie ihrem Umfeld helfen wollen.[74]

---

[73] Reformierte Kirchen Bern-Jura 2000: 2
[74] Diakonisches Werk der Evangelischen Kirche in Deutschland e.V. 2012: 31 (Mehrfachantworten möglich)

2.1.6

Organisation

Das konfessionelle Christentum verfügt mit den Kirchen über eine erfolgreiche Organisation, welche eine Vielzahl von kultischen und sozialen Leistungen erbringt. Deshalb stellt sich die Frage, ob das säkulare Christentum auch eine eigene Organisation braucht. Nein, das säkulare Christentum braucht keine Organisation: Erstens erbringt es keine Leistungen wie die Kirchen. Zweitens wissen wir bereits: Säkulare Menschen lassen sich ungern in hierarchische Organisationen mit starken Autoritäten einbinden. Der Wunsch nach persönlicher Autonomie, Selbstbestimmtheit und Individualität steht im Vordergrund. Die christlich-säkulare Gemeinschaft ist deshalb eine informelle Gemeinschaft. Sie braucht keine Rechtsform, keine Statuten, keine Verfassungen, keine Strukturen und Abläufe, keine Leitungs- und Kontrollorgane. Das säkulare Christentum konstituiert sich allein aus dem Willen ihrer Mitglieder, dem christlich-säkularen Kollektiv angehören zu wollen. Der Wille wird mit der persönlichen Verpflichtung zur Einhaltung der Aufnahmebedingungen und der korrekten Angabe bei den Konfessionsbefragungen des Schweizerischen Bundesamtes für Statistik zum Ausdruck gebracht. Allerdings kann ich mir vorstellen, dass eine Gruppe von Enthusiasten einen Verein gründet und dem säkularen Christentum mit kreativen Marketingaktivitäten und professionellen Internetauftritten ein Gesicht und eine wichtige Stimme gibt. Die Gruppe kann Einfluss auf gesellschaftliche und politische Themen nehmen und die Ausgestaltung des säkularen Christentums immer weiter vorantreiben.

2.2

Erwerb der Mitgliedschaft

Der Philosoph Jaspers fordert einen offenen Zugang zum Christentum: „Nur das eine dürfen wir verwehren: dass eine Instanz die Entscheidung darüber in Anspruch nehme, was Christentum sei und wer ein Christ sei. In der Welt soll als Christ gelten, wer sich dafür hält."[75] Ich bin mit der Ansicht Jaspers einverstanden, dass es Sache der Menschen ist und nicht einer Instanz, über das Christsein zu entscheiden. Ich bin aber nicht damit einverstanden, wenn der offene Zugang zum Christentum auch ein freier sein sollte. Christsein ist kein Freipass für eine selbstbestimmte Lebensführung, sondern die verbindliche Teilnahme an der christlichen Gemeinschaft. Und für diese müssen Aufnahmebedingungen erfüllt werden. Paulus hat mit einem seiner theologischen Modelle sehr schön die Notwendigkeit von solchen Aufnahmebedingungen aufgezeigt. Es geht dabei um den Zugang zum Heilsbund mit Gott. Gott stiftet mit den Menschen einen Bund. Das Leben ist in diesem heilvoll. Die Frage ist, wie der jüdische und der nichtjüdische Mensch in diesen Bund hineinkommen. In der klassischen Tradition wird der jüdische Mensch bereits im Heilsbund geboren. Der nichtjüdische Mensch hingegen muss Aufnahmebedingungen erfüllen, um in diesen zu kommen. Er muss das jüdische Bekenntnis zu dem einen Gott übernehmen, sich beschneiden lassen und versprechen, sich an die Tora zu halten. Nun kommt Paulus und behauptet, Gott habe am Kreuz seinen Heilsbund nicht nur mit Israel, sondern mit der ganzen Welt erneuert. In diesem neuen Bund fallen die jüdischen Gesetze wie die Beschneidung weg. Der Mensch kommt in den

---

[75] Japsers 1962: 54

Bund allein aus Glaube.[76] Glauben als existenzielles Vertrauen auf Gott, der sich im Leben und Sterben des Jesu Christi zu erkennen gab.[77] Das ist eine absolut revolutionäre Einsicht. Nichtjuden müssen nicht mehr Juden werden, um zum Bundesvolk zu gehören. Der Zugang zum Heilsbund mit Gott ist nun allen Menschen offen. Aber der offene Zugang ist kein freier, er ist nicht „gratis". Paulus unterscheidet sich von Japsers. Er stellt eine klare Bedingung. Er fordert den Glauben an Gott. Paulus gelingt mit einer einzigen Aufnahmebedingung, eine große Zahl von nichtjüdischen Menschen für sich zu gewinnen. Heute leben auf der Welt 2,2 Mrd. Christen und das Christentum ist die größte Religionsgemeinschaft. Der Glaube ist nach wie vor die wichtigste Aufnahmebedingung im konfessionellen Christentum. Im säkularen Christentum ersetzen wir den Glauben durch andere Bedingungen. Diese sind:

1. Die Orientierung der eigenen Lebensführung an den Grundwerten der Schweizerischen Bundesverfassung.

2. Die Einhaltung der Schweizer Gesetze.

3. Die Einsicht in die Bösartigkeit der eigenen Person.

Der säkulare Mensch erklärt sich ebenfalls dazu bereit, in der Gemeinde unentgeltlich Freiwilligenarbeit zu leisten. Das Einreichen eines schriftlichen Gesuches um Aufnahme ist im säkularen Christentum nicht möglich. Die entsprechende Organisation fehlt. Der säkulare Christ kann das säkulare Christentum selbst-

---

[76] Paulus: Der Brief an die Römer, in Zürcher Bibel 2007: 3,28; siehe auch: Der Brief an die Galater: 3,11
[77] Handnotizen aus dem Seminar „Neues Testament, Basiswissen", Prof. Dr. Mayordomo, Moisés, Theologische Fakultät der Universität Bern, 29.10.2014

verständlich jederzeit wieder verlassen, dem konfessionellen Christentum beitreten oder ganz auf eine Teilnahme am Christentum verzichten.

2.3

Vorteile

Das neue „Christentum für alle" bringt viele Vorteile, zum Beispiel auch für die Kirchen und Theologen: Die nichtreligiösen Kirchenmitglieder sind endlich weg. Kirchen und Theologen können sich wieder selbstbewusst auf ihre religiösen Wurzeln und Ideale besinnen, auf die ewigen Wahrheiten von Schöpfung, Fall und Erlösung. Ihr Blick ist jetzt wieder auf den Glauben und das Gottesverhältnis der religiösen Menschen gerichtet. Die Theologen müssen sich nicht mehr zu intellektueller Akrobatik aufschwingen, um biblische Texte einer modernen Welt verständlich zu machen. Sie können zwar mit der Zeit gehen, aber nicht mehr mit abstrusen theologischen Konzepten, welche die meisten Menschen ohnehin nicht verstehen. Es braucht keine säkulare Theologie mehr.

Auch die Kirchen müssen keine ideologischen Purzelbäume mehr schlagen, um aus dem Mischmasch von Glauben und säkularer Welt zu kommen und dabei Gefahr zu laufen, zwischen liberalen und konservativen Kräften aufgerieben zu werden und die Identität zu verlieren. Die Kirchen brauchen sich nicht mehr an die Regeln des Marktes zu halten. Die ideologische Ökonomisierung mit den aufgedrängten Fragen aus dem Marketing fällt weg: Wie kann Kirche „effektiver" gemacht werden? Wie kann die Kirche auf ihr „Kerngeschäft" verschlankt werden? Wie kann die Kirche „im Angebot" attraktiver werden? „Damit entmündigt man die aktiven Brüder und Schwestern zu passiven ‚Kunden' und macht aus selbständigen Gemeinden betreutes Leben in den Kirchen."[78] Mystik und Spiritualität, Andacht, Innerlichkeit und Frömmigkeit kehren in die Kirche zurück. Ein weiterer Vorteil liegt darin, dass die enge Verknüpfung von Christentum und christlicher Religion wegfällt. Der türkische Ministerpräsident Recep Tayyip Erdogan sagte in einem Gespräch mit der deutschen Kanzlerin Angela Merkel: „Die EU ist kein Christen-Club, sie ist ein Verein politischer Werte."[79] Der Vorwurf Erdogans gilt jetzt nicht mehr. Mit dem Einzug der Säkularen ist das Christentum kein religiöser Christen-Club mehr, der sich von anderen Glaubensgemeinschaften abgrenzen will. Das neue Christentum ist jetzt vor allem auch eine Gemeinschaft von Menschen, die sich an die demokratischen Spielregeln eines modernen Rechtsstaates halten. Und das sollte Frau Merkel das nächste Mal Herrn Erdogan sagen. Schließlich bin ich davon überzeugt, dass viele unzufriedene Menschen aus anderen Glaubensgemeinschaften dem attraktiven säkularen Christentum beitreten werden.

---

78 Moltmann, Jürgen: Die Barmer Theologische Erklärung – Ein Bekenntnis?, Vortrag vom 31.5.2014, in Wort-Meldungen, unter: http:/wort-meldungen. de/?p=7347, Kapitel 4.1
79 Erdogan, Recep Tayyip: „EU ist kein Christen-Club", in: ntv vom 16.2.2004, unter: www.n-tv.de/politik/Erdogan-laesst-Merkel-abblitzen-article95249.html, 1

3

Die Zeit drängt

Das Christentum ist heute einem alten Kirchturm gleich, der von starker Fäulnis betroffen ist. Jeden Tag verliert es Tausende von Christinnen und Christen. Die Menschen sind immer weniger religiös. Der alte Kirchturm könnte bald zusammenbrechen. Aber, und das ist die große Überraschung, niemanden scheint die bevorstehende Katastrophe zu beunruhigen. Verdrängung, Verleugnung, Ignoranz, Inkompetenz, Machterhaltung? Der Kirchturm darf nicht zusammenbrechen. Ich habe aufgezeigt, wie er renoviert und wieder stark und leuchtend gemacht werden kann. Aber die Zeit drängt. Die Renovation darf nicht länger auf sich warten lassen. Es ist tatsächlich bereits fünf vor zwölf. Mein Postulat für ein offenes Christentum ist deshalb auch ein Alarmruf für die Notwendigkeit einer schnellen, breiten und öffentlichen Debatte. Es braucht diese gesellschaftliche Debatte, um dem „Christentum für alle" zum Durchbruch zu verhelfen. Ich will mich ihr persönlich stellen. Ich bin von einem neuen und starken Christentum tief überzeugt, einem Christentum, das allen Menschen offensteht, auch den nichtreligiösen.

III Neue Kirchenstruktur

Die Frage lautet: Wie können die heutigen Kirchenstrukturen einer massiv geschrumpften Mitgliederzahl angepasst werden? Bevor wir mit der Beantwortung beginnen, werfen wir einen kurzen Blick auf die aktuellen Strukturen.

1

Heutige Struktur

a) Römisch-katholische Kirche

Die römisch-katholische Kirche der Schweiz verfügt über drei rechtliche Strukturen. Die erste ist die kirchenrechtliche mit der heiligen Kirchenhierarchie. Der Papst in Rom ist der erste Bischof. Die anderen Bischöfe sind ihm direkt unterstellt, in der Schweiz mit sechs Bistümern: Basel, Chur, Lausanne/Genf/Freiburg, Lugano, St. Gallen und Sitten. Die zweite Struktur ist die staatskirchenrechtliche als eine parakirchliche Zweitorganisation. Die doppelte Struktur ist notwendig, weil die römisch-katholische Kirche auch als öffentlich-rechtliche Körperschaft anerkannt wird. Die staatskirchenrechtliche Struktur verfügt über eine Organisation mit verschiedenen Legislativ- und Exekutivorganen und folgt damit demokratischen Grundprinzipien. Und drittens gibt es noch eine privatrechtliche Struktur für die Orden (Benediktiner, Franziskaner, Dominikaner). Wir schauen uns die kirchenrechtliche und staatskirchenrechtliche Struktur sowie die Organisation einer einzelnen Pfarrei einmal etwas genauer an.

Kirchenrechtliche Struktur: Beispiel Bistum Basel[80]

Ein Bistum hat folgende Strukturebenen. Auf der untersten Ebene sind die Pfarreien. Mehrere Pfarreien bilden zusammen einen Pastoralraum, mehrere Pastoralräume eine Bistumsregion. Die sechs Bistümer sind in der Schweizerischen Bischofskonferenz zusammengefasst. Das Bistum Basel ist mit zehn Kantonen (Aargau, Basel Land, Basel Stadt, Bern, Jura, Solothurn, Luzern, Schaffhausen, Thurgau, Zug) und 1400 Seelsorgenden das größte der Schweiz. Es verfügt über 61 Pastoralräume und 511 Pfarreien. An der Spitze des Bistums steht der Bischof, ihm zur Seite eine bischöfliche Kanzlei. Der Bischofsrat berät den Bischof in strategischen Fragen. Er setzt sich mit 18 Mitgliedern aus dem Weihbischof, dem Generalvikar, den regionalen und kategorialen Bischofsvikariaten, dem Kanzler und den Abteilungsleitern der Diözesankurie zusammen. Es gibt weitere Räte und Kommissionen wie den Priesterrat, die Kommissionen für die Diakone und Laientheologen, den Diözesaner Seelsorgerat oder die Diözesane Bildungskommission. Der Generalvikar hat im Bistum die ausführende Gewalt (Exekutive). Ihm zur Seite stehen das Offizialat mit dem Vorsteher des kirchlichen Gerichtes und die zentralen Funktionen wie Personal, Bildung und Kommunikation. Das bischöfliche Ordinariat mit Sitz in Solothurn hat 33 Vollzeitstellen. Das Bistum Basel spricht von einer schlanken Führung.

---

80 Bistum Basel: Über uns, unter: www.bistum-basel.ch/de/Navigation1/uber-uns.html (16.9.2018)

Staatskirchenrechtliche Struktur:
Beispiel Kanton Basel Stadt[81]

Die Organisation der römisch-katholischen Landeskirche im Kanton Basel Stadt umfasst die Synode, den Kirchenrat, die zentralen Dienste und die Kirchgemeinden. Die Synode ist das Legislativgremium, welches über die Gesetze und den Einsatz der finanziellen Mittel entscheidet, und hat in Basel Stadt 40 Mitglieder. Der Kirchenrat ist die Exekutive und hat 8 Mitglieder. Die zentralen Dienste mit 10 Mitarbeitenden unterstützen die Pfarrgemeinden in ihren Aufgaben.

Pfarreiordnung:
Beispiel Pfarrgemeinde St. Marien, Basel Stadt.[82]

Die Pfarrgemeinde St. Marien vereinigt 2500 römisch-katholische Mitglieder in einer öffentlich-rechtlichen Körperschaft mit eigener Rechtspersönlichkeit. Die Pfarrgemeinde verfügt über eine Pfarreiversammlung, welche aus den Stimmberechtigten der Pfarrgemeinde besteht, sowie über einen Pfarreirat mit 12 Mitgliedern. Mitarbeitende der Pfarrei sind: Der Pfarrer, die Pfarreisekretärin, die Pastoralassistentin, der Präsident des Pfarreirates, die Abwartin bzw. Sakristanin und der Kirchenmusiker.

---

81 Römisch-katholische Kirche in Basel-Stadt: Kantonalkirche, unter: www.rkk-bs.ch/home (16.9.2018)
82 St. Marien Basel: St. Marien, unter: https://stmarien-basel.ch/de/st-marien/(16.9.2018)

b) Evangelisch-reformierte Landeskirche

Die evangelisch-reformierte Kirche der Schweiz ist stolz darauf, nicht hierarchisch von oben nach unten, sondern demokratisch von unten nach oben aufgebaut zu sein. Sie hat keine Bischöfe. Herzstück der Kirche sind deshalb die Kirchgemeinden. Die evangelisch-reformierte Kirche ist öffentlich-rechtlich und kantonal organisiert. Sie kennt folgende Strukturebenen: Auf der ersten stehen die Kirchgemeinden. Es folgen die kantonalen Dachorganisationen mit den Synoden und den Synodalräten. Für diese arbeitet eine Verwaltung. Die kantonalen Synoden sind schließlich mit dem Schweizerischen Evangelischen Kirchenbund (SEK) verbunden, dem Zusammenschluss aller Kantonalkirchen.

Beispiel Reformierte Landeskirche Bern-Jura-Solothurn mit der Kirchgemeinde Münster Bern[83]

Die Kirchgemeinde Münster Bern betreut 2500 Mitglieder. Überraschenderweise ist das Münster Bern als Prestige-Kirche die kleinste aller Stadtberner Kirchgemeinden. Sie verfügt mit der Kirchgemeindeversammlung über eine Legislative, welche aus den Kirchenmitgliedern besteht, und mit dem Kirchgemeinderat über eine Exekutive, welche 8 Mitglieder und ein Sekretariat umfasst. Die Mitarbeitenden des Münsters Bern sind: zwei Pfarrpersonen, eine Sekretärin, zwei Sozialdiakone, eine Kinder- und Jugendarbeiterin, ein Organist, ein Chorleiter, ein Betriebsleiter, ein Sigrist, eine Turmwartin. Die Kirchgemeinde Münster Bern ist mit 11 anderen Kirchgemeinden der Stadt Bern zur Gesamtkirchgemeinde

---

[83] Berner Münster: Kirchgemeinde, unter: www.bernermuenster.ch/de/kirchgemeinde/organisatin-und-kontakte/(16.9.2018)

Bern zusammengeschlossen. Ihr stehen der Große Kirchenrat als Legislative mit 12 Mitgliedern und der Kleine Kirchenrat als Exekutive mit 13 Mitgliedern vor. Die Verwaltung mit 21 Mitarbeitenden liegt beim Kirchmeieramt. Alle Kirchgemeinden des Kantons Bern gehören der Bernischen Landeskirche an. Die Bernische Landeskirche Bern-Jura-Solothurn hat insgesamt 217 Kirchgemeinden und betreut 617000 Mitglieder. Die kantonale Landeskirche verfügt über eine Synode als Legislative mit 200 Mitgliedern. Der Synodalrat ist die Exekutive mit 7 Mitgliedern. Die Kirchenkanzlei, die Verwaltung mit den gesamtkirchlichen Diensten, hat 100 Mitarbeitende.

Schweizerischer Evangelischer Kirchenbund (SEK)[84]

Der Schweizerische Evangelische Kirchenbund (SEK) ist der Zusammenschluss der 24 reformierten Kantonalkirchen, der Evangelisch-methodistischen Kirche und der Église Évangélique Libre de Genève. Der Kirchenbund nimmt Stellung zu Politik, Wirtschaft und Glaubensfragen und ist Ansprechpartner der politischen Behörden. Der Kirchenbund verfügt über eine Abgeordnetenversammlung mit 74 Mitgliedern und über eine Exekutive, den Rat mit 8 Mitgliedern. In der Geschäftsstelle arbeiten 37 Personen. Die Abgeordnetenversammlung wird 2018 in eine nationale Synode, die mehr Kompetenzen erhalten soll, umgewandelt. Die Kirche will ihre Führungsspitze stärken, schwächt damit aber das vielgepriesene Prinzip einer basisdemokratischen Organisation, welche von unten nach oben aufgebaut ist.

---

84 Schweizerischer Evangelischer Kirchenbund (SEK): Kirchenbund, unter: https://kirchenbund.ch/de# (16.9.2018)

c) Die heutigen Strukturen im Schnellcheck

Am meisten fällt das offensichtliche Missverhältnis zwischen den personell relativ klein ausgestatteten Kirchgemeinden mit höchstens zwei vollamtlichen Pfarrpersonen und einer nicht endend wollenden Zahl von übergeordneten Legislativ- und Exekutivorganen, Kommissionen und Verwaltungen auf. Braucht die Berner Synode tatsächlich 200 Mitglieder für eine regionale Glaubensgemeinschaft, welche stark am Schrumpfen ist? Sie ist personell so gross wie der Schweizerische Nationalrat als Eidgenössisches Parlament. Über die Effizienz der Strukturen lässt sich im Schnellcheck nicht viel herausfinden. Die großen Unterschiede in der Mitgliederzahl der einzelnen Gemeinden machen betriebswirtschaftliche Vergleiche fast unmöglich. Die vorhandenen Informationen sind zudem wenig aussagekräftig. Das Bistum Basel bezeichnet seine zentrale Organisation mit 33 Mitarbeitenden als eine schlanke. Die Begründung bleibt es schuldig.

Ich stelle nun eine provokative Frage: Was machen überhaupt sechs Bischöfe in der flächenmässig kleinen Schweiz von morgens bis abends? Während des Studiums an der Universität St. Gallen durfte ich für ein paar Wochen in der Buchhaltungsabteilung des Bistums St. Gallen arbeiten. Ich kann mich noch gut erinnern: Die Mitarbeitenden verehrten den damaligen Bischof sehr. Sie standen immer schnell von ihren Pulten auf, wenn sie seine Schritte am Gang hörten. Sie nannten den Bischof liebevoll „Schelleunder", weil er gerne und häufig jasste.[85] Das ist lange her und ich möchte dem Bischof auch im Nachhinein noch sein Hobby gönnen. Ich will das Schweizer Nationalkartenspiel auch nicht schlechtreden, und trotzdem: Auf sehr viel Arbeit und Stress deutet ein solcher Übername nun nicht gerade hin.

Die heutigen Kirchenstrukturen müssen uns nun nicht weiter beschäftigen. Wir brauchen sie für die Festlegung der neuen Strukturen nicht mehr.

---

85 „Schelleunder" ist bei den Deutschweizer Jasskarten die Karte mit der Farbe „Schelle" und dem Bild „Under" (auch Bauer)

2

Vorgaben

2.1

Vision

Wir nehmen einmal an: Die beiden Schweizer Großkirchen beauftragen die bekannte Beratungsfirma McKinsey, ein Restrukturierungsprogramm zu erarbeiten. Die Vorschläge werden nicht neu sein: Kirchgemeinden, Bistümer, Synoden und Synodalräte zusammenlegen, Kirchgemeinden schließen, Immobilien verkaufen, Pfarrpersonen entlassen, Pfarrlöhne reduzieren, die Verwaltungskosten senken. McKinsey wird vielleicht auch vorschlagen, die Kirchen rechtlich vom Staat zu trennen. Die staatskirchenrechtlichen Strukturen und die damit verbundenen Kosten würden wegfallen. Die evangelisch-reformierte Landeskirche müsste sich dann allerdings organisatorisch neu erfinden, die römisch-katholische Kirche mit ihrer Parallelorganisation wäre im Vorteil und könnte auf die kirchenrechtliche Struktur zurückgreifen. Ganz mutig wäre der Vorschlag, die beiden großen Schweizer Kirchen gleich zu fusionieren, das würde am meisten Geld einbringen. McKinsey wird eine gute Arbeit abliefern. Und dann? Nichts würde geschehen, alles bliebe beim Alten. Strukturen garantieren Macht, und niemand gibt gerne Macht ab. Die Bischöfe, die kantonalen Synoden, die Kirchenräte, die vielen Präsidenten und Vorsteher hängen an ihrer Macht. Ein Synodalratspräsident verdient schnell einmal 200000 CHF im Jahr.[86] Weshalb sollte er auf sein gutes Einkommen verzichten? Der Bischof von St. Gallen amtet von einer prachtvollen Stadtresidenz aus. Weshalb sollte er diese an den Bischof von Basel abtreten, obwohl dieser sein Bistum problemlos integrieren könnte?

Die Kirchen mühen sich seit Jahrzehnten mit Reformen ab, meistens erfolglos oder mit einer Entwicklung in die falsche Richtung. Der Theologe Christoph Berner kritisiert in einer Analyse über die Reformbemühungen der evangelischen Kirche in Hessen und Nassau, dass der Selbstbeschäftigungsgrad der Kirche und der Verwaltungsaufwand in den letzten Jahrzehnten erheblich gestiegen seien. Für die Verwaltung gebe das Dekanat etwa das Fünffache aus wie 20 Jahre zuvor. Die klassischen Organisationsvorteile der Kirche wie flache Hierarchien, hohe Präsenz vor Ort und die Selbstorganisation seien stark reduziert worden. Statt Einsparungen habe es eine Umschichtung von unten nach oben gegeben. Generelle Verlierer seien die Gemeinden, die sich zu Filialen der Kirche entwickelt hätten. „Wichtige Themen der Kirche, wie z.B. die Bedeutung des Gottesdienstes, die Aufgabe der Seelsorge und des Religionsunterrichtes standen seit 25 Jahren nicht mehr auf der Tagesordnung einer Synode."[87] Ich gehe davon aus, dass sich die Reise ins Ungute auch auf Schweizer Kirchenverhältnisse übertragen lässt. Es überrascht deshalb nicht, wenn die Kirchen wegen ihrer Strukturen kritisiert werden. Der Vorwurf: Seelenlose Machtstrukturen und Machtmissbrauch würden das Heilige und Mystische ersetzen. Der Theologe Hans Küng schreibt in einer Biographie über den Apostel Paulus: Käme Paulus wieder, würde er sich „[...] insbesondere die Struktur der katholischen Kirche ansehen, dieses bis ins einzelne ausgeklügelte Kirchenrecht, diese riesig

---

86 Zanni, Bettina: „Ist die Kirche noch für die Menschen da?", in: 20 Minuten vom 23.4.2018, unter: www.20min.ch/schweiz/news/story/Kirche-29016392?httpredirect (16.9.2018)
87 Bergner, Christoph: 25 Jahre Reform in der Evangelischen Kirche in Hessen und Nassau – eine kleine Bilanz, in: Kirche der Reformation, Hrsg. Kittel, Gisela und Mechels, Eberhard, Göttingen 2016, 125 f.

aufgetürmte Hierarchie, vor allem den mit einem Unfehlbarkeits- und Primatsanspruch ausgestatten Petrusdienst: er würde auf die Barrikaden gehen und jedem noch einmal ‚ins Angesicht' widerstehen, der abweicht von der Wahrheit des Evangeliums'.[88]

Die Bibliotheken der Theologischen Fakultät der Universität Bern sind gefüllt mit Büchern, welche die Kirchenstrukturen massiv kritisieren. Kritik ist zwar gut, aber der Kritik müssen konkrete Reformvorschläge folgen. Die Autoren bleiben diese Vorschläge meistens schuldig. Ein paar vage Ideen lösen noch keinen Sturm aus, welchen es braucht, um eine radikale Reform in Gang zu setzen. Mein Postulat für ein offenes Christentum soll diesen Sturm auslösen. Die Einnahmen der Kirchen werden um die Hälfte wegbrechen. Jetzt muss die Reform radikal sein, mit Kosmetik geht es nicht mehr. Wie aber soll eine ganz neue Struktur für die Kirchen gefunden werden? Das geht wohl nur mit einer Vision. Und diese fällt wie ein Meteorit als Erleuchtung vom Himmel, als ich kürzlich wieder einmal den Isenheimer Altar im Unterlinden-Museum in Colmar besuche. Der Altar erzählt in übergroßen und farbenkräftigen Bildern die Geschichte von Geburt, Tod und Auferstehung Jesu Christi. Es ist eine einfache Geschichte, und sie ist schnell erzählt.

Der Maler Matthias Grünewald (1470–1528) schuf dieses Werk für die Menschen des Mittelalters. Die meisten Menschen konnten damals weder lesen noch schreiben. „Um ihnen aber trotzdem die biblischen Wahrheiten zu erschließen, haben ihnen geniale Künstler wie Matthias Grünewald und andere die rettende Botschaft des Evangeliums in verständlichen Darstellungen vor Augen gemalt. Auf diese Weise konnte auch das einfache Volk davon profitieren. Ihnen wurde buchstäblich ‚Jesus Christus vor die Augen gemalt' (Galater 3,1). Für sie wurden solche Gemälde Heilsverkündigungen im künstlerischen Gewande, die leicht zu erfassen und zu verstehen waren. Der Altar wurde zu Beginn des 16. Jahrhunderts durch die geniale Hand des Meisters Mathis mit

---

88 Küng, Hans: Große christliche Denker, München 1994, 41

dem Ziel gemalt, ein klares biblisches Verständnis zu wecken." Der Isenheimer Altar soll kein bloßes Kunstobjekt sein, „sondern eine Proklamation des Evangeliums, wie es am Anfang der Fall war."[89]

Die Bibel für einfache Menschen lesbar, verstehbar und erlebbar machen, mit einer Proklamation des Evangeliums, wie es am Anfang der Fall war. Welcher Anspruch! Ich sitze vor den Bildern Grünewalds, und leicht irritiert und zugleich verärgert frage ich mich plötzlich auch: Weshalb brauchen Kirchen konzernähnliche Strukturen, um eine derart einfache Botschaft wie jene von Jesus Christus in die Welt zu setzen? Ich ärgere mich, weil ich vier Jahre lang durch die komplizierte Welt der Theologie gegangen bin und erst jetzt feststelle, wie einfach die ganze christliche Religion eigentlich ist. Ich sitze vor den Bildern Grünewalds, und die Bilder fangen an zu sprechen:

> *„Ich glaube an Gott,*
> *den Vater, den Allmächtigen,*
> *den Schöpfer des Himmels und der Erde.*
> *Und an Jesus Christus,*
> *seinen eingeborenen Sohn, unsern Herrn,*
> *empfangen durch den Heiligen Geist,*
> *geboren von der Jungfrau Maria,*
> *gelitten unter Pontius Pilatus,*
> *gekreuzigt, gestorben und begraben,*
> *hinabgestiegen in das Reich des Todes,*
> *am dritten Tage auferstanden von den Toten,*
> *aufgefahren in den Himmel;*
> *er sitzt zur Rechten Gottes,*
> *des allmächtigen Vaters;*
> *von dort wird er kommen,*
> *zu richten die Lebenden und die Toten.*

---

89 Goetz, Alfred: Der Isenheimer Altar: Geschichte, Deutung, Hintergründe, Basel 2011, 7

Ich glaube an den Heiligen Geist,
die heilige katholische Kirche,
Gemeinschaft der Heiligen,
Vergebung der Sünden,
Auferstehung der Toten."[90]

Die Bilder haben das Apostolische Glaubensbekenntnis gesprochen, das berühmte Credo, und ich staune, wie einfach, präzise und verständlich die wichtigsten Glaubensinhalte der christlichen Religion in nur 98 Worten auf Papier gebracht werden konnten.

Auf der Heimfahrt von Colmar nach Bern ist mir klar geworden: Die neue Kirchenstruktur darf nicht größer sein, als sie für die Verkündigung des Evangeliums nach dem Isenheimer Altar unbedingt gebraucht wird. Die Vision besteht also darin, dem Isenheimer Altar ein leichtes Kirchengewand anzuziehen, nur ein einziges, kein zweites und drittes. Als Jesus seine Jünger aussandte, um die Menschen zu heilen, gebot er ihnen, weder Geld noch Brot mitzunehmen, und sagte: „Zieht euch kein zweites Kleid an!".[91] Ich baue eine neue Kirchenstruktur von null an auf. Ich löse mich gedanklich von allen heute bestehenden Konfessionen und Strukturen und tue so, als würden diese gar nicht existieren. Die sechs Bistümer, die großen Synoden und die vielen Synodalräte stehen nicht mehr im Wege. Es gibt auch keinen Staat mehr, der hilft und Steuern einzieht.

---

90 Apostolisches Glaubensbekenntnis nach der Übersetzung, die am 15./16. Dezember 1970 von der Arbeitsgemeinschaft für liturgische Texte der Kirchen des deutschen Sprachgebietes verabschiedet wurde, in: Wikipedia, unter: https://de.wikipedia.org/wiki/Apostolisches_Glaubensbekenntnis (16.9.2018)
91 Das Evangelium nach Markus, in Zürcher Bibel 2007: 6,8 und 6,9

2.2

Grundaufgaben

Die Kirchen nennen normalerweise vier Grundaufgaben, die sie erfüllen müssen: erstens die Weitergabe des Evangeliums (Katechese-, Predigt- und Bibelarbeit), zweitens die seelsorgerlichen Dienstleistungen (Taufe, Hochzeit, Beerdigung), drittens die diakonischen Dienstleistungen für Menschen in Not und viertens die öffentlichen Stellungnahmen zu gesellschaftspolitischen Fragen. Vor allem die diakonischen Aufgaben haben in den letzten Jahren stark zugenommen. Die ersten beiden Aufgaben sind unbestreitbar. Bei den anderen beiden habe ich Vorbehalte. Sozialdiakonische Aktivitäten, welche die Kirche stellvertretend für die öffentliche Hand und gegen Bezahlung ausführt, sind wegzulassen. Andere säkulare Institutionen können diese Arbeit ebenso gut machen. Die Kirche soll sich auf die Organisation der unentgeltlichen Freiwilligenarbeit in der Gemeinde beschränken.

Auf Stellungsnahmen zu gesellschaftlichen Fragen ist generell zu verzichten. Es ist nicht Aufgabe der Kirche, Politik und Wirtschaft zu machen. Die christliche Kirche ist eine politisch neutrale Kirche und ausschließlich für Gottesfragen zuständig. Ihre Mitglieder kommen aus allen gesellschaftlichen Schichten und Strömungen. Manche Mitglieder mögen mit den politischen und gesellschaftlichen Stellungsnahmen ihrer Kirche einverstanden sein, andere hingegen nicht. Politische Stellungsnahmen können die Mitglieder spalten und sind deshalb zu unterlassen.

Die drei Kernaufgaben der Kirche sind die Vermittlung des Evangeliums, die Seelsorge und die Organisation der Freiwilligenarbeit.

2.3

Trennung vom Staat

Staat und Kirche haben in den letzten Jahrzehnten viel getan, um aus den gegenseitigen Verflechtungen zu kommen. Aber die rechtlichen Verflechtungen sind immer noch vorhanden, in einigen Kantonen mehr, in anderen weniger. In der Schweiz existiert kein eigentliches „Religionsrecht". Auf Bundesebene kann man nicht einmal von einer Beziehung zwischen Staat und Kirche sprechen.[92] Die Bundesverfassung legt nur fest: „Die Glaubens- und Gewissensfreiheit ist gewährleistet."[93], und: „Für die Regelung des Verhältnisses zwischen Kirche und Staat sind die Kantone zuständig."[94] Mehr gibt es auf Bundesebene nicht. Die Regelung mit den Kirchen wird also den Kantonen überlassen. Und jeder Kanton macht seine eigene Regelung. Einige Kantone haben enge Verbindungen, wie zum Beispiel der Kanton Bern. In der Berner Kantonsverfassung steht: „Die evangelisch-reformierte, die römisch-katholische und die christkatholische Kirche sind die vom Kanton anerkannten Landeskirchen." „Sie sind öffentlich-rechtliche Körperschaften mit eigener Rechtspersönlichkeit."[95] Und: „Sie sind zur Erhebung einer Kirchensteuer befugt."[96] Bern attestiert den Kirchen ein öffentliches Interesse, weil sie einen wichtigen Beitrag zur gesellschaftlichen Entwicklung leisten. Andere Kantone haben Staat und Kirche

---

92 Kropf, Catherine, Zürcher Borlat, Regula: Eine neue Religionsverfassung für die Schweiz, Masterarbeit an der Universität Bern, Bern 2017, unter: www.kpm.unibe.ch/unibe/portal/center_generell/b_title_kompcen/k_kpm/content/e69705/e232334/e234053/e659555/e660254/WEBSITE_FINAL_Zrcher_Kropf_ger.pdf, 10 (16.9.2018)
93 Bundesverfassung der Schweizerischen Eidgenossenschaft 1999: Art. 15
94 Bundesverfassung der Schweizerischen Eidgenossenschaft 1999: Art. 72
95 Verfassung des Kantons Bern vom 6. Juni 1993 (Stand 11.3.2015), Art. 121
96 Verfassung des Kantons Bern 1993: Art. 125, Abs. 3

weitgehend getrennt, so Genf und Neuenburg. In der Genfer Verfassung heißt es: „Der Staat ist weltlich. Er verhält sich in religiösen Fragen neutral."[97] Die Glaubensgemeinschaften in Genf und Neuenburg sind im Privatrecht organisiert. Die staatliche Unterstützung ist stark limitiert.[98] Die Kirchenbeiträge sind in beiden Kantonen fakultativ. Das Genfer Modell wurde bereits in einer Initiative für die gesamte Schweiz gefordert. Der Initiativtext für eine Änderung der Bundesverfassung lautete im Jahre 1980: „Kirche und Staat sind vollständig getrennt."[99] Das Abstimmungsergebnis fiel eindeutig aus: Knapp 80 % wollten keine Trennung.[100] Seit der Abstimmung sind fast 40 Jahre vergangen. Die religiöse Landschaft der Schweiz hat sich seither dramatisch verändert. Der Anteil der Konfessionslosen an der Gesamtbevölkerung stieg von 1980 von 3,8 % auf 25 % im Jahr 2016.[101] Würde die Abstimmung heute durchgeführt, wäre das Ergebnis wohl ein anderes. Mit der Einführung des „Christentums für alle" entsteht eine ganz neue Situation. Nur noch 33 % der in der Schweiz lebenden Bevölkerung über 15 Jahre würden einer der beiden großen Kirchen angehören anstelle der bisher 61 %.[102] Mit nur noch 33 % lässt sich die staatliche Anerkennung eines öffentlichen Interesses nicht mehr einfordern. Die rechtliche Trennung von Staat und Kirche ist unumgänglich. Andere Staaten wie Frankreich, Mexiko, Albanien, Portugal, die Türkei, Uruguay, Japan, Ecuador, Südkorea und China haben die Trennung von Staat und Kirche als laizistisches Prinzip bereits in ihre Verfassung aufgenommen. Laizismus ist der Begriff für eine Weltanschauung, welche die strikte Trennung von Kirche und Staat

---

97 Verfassung der Republik und des Kantons Genf vom 14.10.2012 (Stand 5.12.2017), Art. 2, Abs. 1
98 Kropf, Zürcher Borlat 2017: 27
99 Initiativtext: Artikel 51 BC 1874 (neu), zitiert aus Kropf, Zürcher Borlat 2017, 25
100 Kropf, Zürcher Borlat 2017: 26
101 Bundesamt für Statistik 2015: 2
102 Siehe Kapitel II/2.1.2

sowie die Neutralität des Staates gegenüber anderen Religionen und Weltanschauungen verlangt. Das Ziel des Laizismus ist klar: die Achtung der moralischen Gleichheit der Individuen und der Schutz der Gewissens- und Religionsfreiheit. Die Trennung und das Ziel sind die Grundlagen liberaler Demokratie.[103] Es wird wohl niemand behaupten, dass die Franzosen mit einer laizistischen Verfassung moralisch schlechter dastehen als die Schweizer mit ihrer öffentlich-rechtlichen Anerkennung von zwei Monopolkirchen. Die Trennung vom Staat hat für die Kirchen finanzielle Konsequenzen. Die Trennung ist aber auch ein Befreiungsschlag. Die Kirchen gewinnen ihre Freiheit und Selbstbestimmung zurück. Sie müssen sich nicht mehr von Beamten, denen jegliches Verständnis von Religion abhandengekommen ist, in ihre Organisation dreinreden lassen. Auch der bürokratische Aufwand nimmt ab. Die Freikirchen haben zum Beispiel weniger administrativen Aufwand als die beiden Landeskirchen. Die Anforderungen an eine öffentlich-rechtliche Institution sind im Bereich der Buchhaltung und Rechnungslegung generell sehr hoch.[104] Die beiden Landeskirchen müssen sich zudem auch nicht mehr ständig für ihre privilegierte Stellung rechtfertigen, nur weil sie finanzielle Unterstützung vom Staat erhalten, andere Religionsgemeinschaften hingegen nicht.

Die Trennung von Kirche und Staat wirft ganz neue Fragen auf: Gehören Präambeln wie „Im Namen Gottes des Allmächtigen!" noch in die Verfassungen westlicher Länder? Sollen sich Politiker in ihren offiziellen Ansprachen noch auf Gott berufen und diese „mit Gottessegen" abschließen? Muss der Religionsunterricht an den öffentlichen Schulen, wenn heute auch nur noch fakultativ, nicht definitiv abgeschafft werden? Gehören christliche Symbole

---

103 Straub, Jürgen: Religiöser Glaube und säkulare Lebensform im Dialog, Gießen 2016, 121 f.
104 Marti, Michael: Dienstleistungen, Nutzen und Finanzierung von Religionsgemeinschaften in der Schweiz: Synthese des Projektes FAKIR (Finanzanalyse Kirchen) im Rahmen des NFP 58 „Religionsgemeinschaften, Staat und Gesellschaft", Glarus 2010, 69

wie zum Beispiel Kreuze noch in öffentliche Räume? Sind christliche Feiertage nicht aufzuheben, vor allem dann, wenn sie Arbeitstage sind? Werden die theologischen Fakultäten von den Universitäten verschwinden? Die Finanzierung von solchen Institutionen mit Steuergeldern lässt sich wohl nicht mehr öffentlich rechtfertigen. Das Augenmaß darf bei der Beantwortung dieser Fragen nicht verloren gehen. Die Trennung von Staat und Kirche kann mehr oder weniger stark ausgelegt werden. Frankreich, das erste europäische Land mit einer durch die Verfassung garantierten Trennung von Staat und Kirche, anerkennt den Karfreitag und den Pfingstmontag nach wie vor als offizielle Feiertage.[105] Solche Fragen müssen in einer breit angelegten öffentlichen Debatte beantwortet werden. Wie rigide soll die Trennung von Staat und Kirche umgesetzt werden? Am fundamentalen Grundsatz, wonach der Staat zu absoluter Neutralität verpflichtet ist, darf aber nicht mehr gerüttelt werden.

2.4

Neue Struktur

Die Eingangsfrage lautet: Brauchen die christlichen Glaubensgemeinschaften überhaupt eine Struktur und eine Organisation? Der Begriff „Kirche" kommt im Neuen Testament nicht vor. Jesus wollte weder eine Kirche noch eine Religion gründen. Er wollte nur eine einfache Gemeinschaft von Jüngern, die bereit war, mit ihm im Reich Gottes zu leben. Jesus dachte auch deshalb nicht an die Gründung einer Organisation, weil er glaubte, das Ende der Zeit stehe unmittelbar bevor. Jesus irrte sich. Sei-

---

[105] Feiertage in Frankreich, auf Wikipedia, unter: https://de.wikipedia.org/wiki/Feiertage_in_Frankreich (16.9.2018)

ne Auferstehung schuf eine völlig neue Situation. Die Zeit ging nicht zu Ende, sie lief weiter. Jesus' Jüngerschaft versammelte sich vorerst in der Urgemeinde von Jerusalem, breitete sich dann aber geographisch schnell aus. Die Gemeinden in Palästina, Syrien, Kleinasien, Griechenland und Italien mit Rom mussten sich plötzlich organisieren, wenn sie überleben wollten. Sie mussten Leitungsämter festlegen und Amtsträger berufen. Aus diesen ersten und noch einfachen Organisationen gingen dann die Kirchenstrukturen hervor, ab dem 3. Jahrhundert mit einer festen Gliederung in Episkopen (Aufseher), Presbyter (Älteste) und Diakoner (Diener).

Die christliche Gemeinschaft brauchte also schon frühzeitig eine Organisation, um ihr starkes Wachstum in den Griff zu bekommen. Als Betriebswirtschafter und Manager habe ich gelernt, dass Gemeinschaften von bis zu 10 Personen keine Organisation brauchen. Die Leute organisieren sich spontan selber von Tür zu Tür. Spätestens ab 100 Personen fängt dann aber die unvermeidliche Bürokratie an. Die beiden großen Schweizer Kirchen müssen in Zukunft 2,3 Mio. Gläubige betreuen können, und das geht halt ohne ein gewisses Maß an Organisation und Struktur nicht.

Die Vorgaben für die neue Kirchenstruktur in der Schweiz sind:

» Die neue Struktur muss nach der Vision mit dem Isenheimer Altar eine schlanke sein.

» Die römisch-katholische Kirche und die evangelisch-reformierte Landeskirche verschwinden mit all ihren Hierarchien. Es gibt nur noch eine Kirche, und die wird von null an aufgebaut. Der neuen Kirche geben wir den Arbeitstitel „Kirche Jesu Christi".

» Die Kirche beschränkt sich auf drei Aufgaben: Vermittlung des Evangeliums, Seelsorge, Organisation der unentgeltlichen Freiwilligenarbeit.

» Die Kirche ist vom Staat getrennt.

» Die neue Kirchenstruktur muss 2,3 Mio. Gläubige betreuen können.

Zusätzlich zu diesen uns bereits bekannten Vorgaben kommen zwei weitere hinzu: Die kirchenrechtliche Struktur der römisch-katholischen Kirche mit dem Bischof und dem Bistum bildet das Grundgerüst der neuen Struktur, sie erhält eine Matrixorganisation. Die Kirchgemeinden mit den Pfarrerinnen und Pfarrern sind personell einer Bischöfin oder einem Bischof unterstellt, fachlich regionalen Verwaltungszentren für die personellen, administrativen, buchhalterischen und rechtlichen Belange.

Kirchgemeinden

Die neue Kirchenstruktur sieht ein dichtes Netz von Gemeinden vor. Die Kirchgemeinde ist nach wie vor die wichtigste Repräsentantin der christlichen Religion in der Schweiz und unterliegt dem Territorialprinzip. Das Prinzip verlangt eine lückenlose Einteilung einer kirchlichen Region in genau abgegrenzte Wohngebiete.[106] Das Territorialprinzip wird heute wegen der zunehmenden Mobilität der Leute kritisiert. Ich halte am Prinzip fest. Nur mit diesem kann eine vertrauensvolle und nachhaltige Beziehung zwischen dem Pfarrpersonal und den Kirchenmitgliedern gelingen. Pfarrinnen und Pfarrer sollen nur vollamtlich angestellt werden und langjährig in einer Ortsgemeinde arbeiten können.

---

106 Hermelink, Jan: Kirchliche Organisation und das Jenseits des Glaubens, München 2011, 130

Das Konzept mit einem dichten Netz von Kirchgemeinden setzt kleinere Kirchen voraus. Kirchen müssen keine prachtvollen Prestige-Bauten sein. Kirchen sollen Wärme und Geborgenheit vermitteln, sie sollen Oasen der Spiritualität und Mystik sein.

Viele moderne Kirchen in den urbanen Gebieten sind keine mystischen Kirchen mehr. Die Erbauer wollten dem Bauhaus-Stil nacheifern. Die Kirchen sehen heute aus wie heruntergekommene Fabrikhallen. Prestige-Kirchen haben andere Probleme. Kürzlich besuchte ich wieder einmal einen Sonntagsgottesdienst im Berner Münster. Ein paar alte Leute sitzen im Halbdunkel verloren in den Bänken und klammern sich fröstelnd an ihre Mäntel. Die Pfarrerin leitet streng durch den Gottesdienst. Man steht auf, man sitzt ab, man singt, man spricht nach, man schweigt. Die Orgel verschlägt einem zum Schluss fast das Gehör. Spiritualität, mystische Gefühle? Nichts von alledem, eher das Gefühl von Einschüchterung und Angst.

Das gute Beispiel: Meine Frau und ich nahmen kürzlich an einer Abendmahl-Feier in der unteren Kapelle der Heilig-Blut-Basilika in Brügge teil. Die uralte Kapelle ist bis auf den hintersten Platz besetzt. Es herrschen Ruhe und Besinnlichkeit. Gedämpftes Kerzenlicht bringt die alten Mauern geheimnisvoll zum Flackern. Meine Frau, die der evangelisch-reformierten Landeskirche angehört, und ich als Konfessionsloser hätten uns fast in die lange Menschenreihe gestellt, um ebenfalls die Hostie zu empfangen.

Große Kirchenhallen sind ungeeignet für spirituelle Gottesdienste, vor allem dann, wenn fast keine Leute da sind. Halbleere Kirchen sind heute aber der Normalfall. In großen Kirchen und Kathedralen wie dem Berner Münster, dem Basler Münster oder der St. Galler Kathedrale, die mit ihren aufdringlichen, barocken Deckengemälden ohnehin keine Spiritualität zulässt, sollten keine Gottesdienste mehr abgehalten werden. Prestige-Kirchen sind zu Kulturzentren umzuwandeln und nur noch für touristische Zwecke gegen Entgelt oder für gesellschaftliche Anlässe (Konzerte, Theatervorführungen, Vorträge, Ausstellung von kirchlichen Kunstschätzen usw.) zu verwenden. Gottesdienste für die immer kleiner werdende Schar von Gläubigen sollen in

Räumen stattfinden, die Ruhe und Geborgenheit ausstrahlen und spirituelle Erlebnisse ermöglichen. Viele Prestige-Kirchen haben die Problematik bereits erkannt und ihre Gottesdienste in Nebenkapellen innerhalb des Hauptgebäudes verbannt. Die Maßnahme ist aber in den meisten Fällen nutzlos, weil ganze Gruppen von Rucksack-Touristen weiterhin ihre Blitzlichter durch die geschlossenen Gittertore in die meist schön gestalteten Nebenkapellen schießen. Die neuen Gottesdienst-Räume müssen wie im Falle der Heilig-Blut-Basilika getrennt vom Hauptgebäude der Kirche errichtet und während des Gottesdienstes abgeschlossen werden können.

Die Kirchen, die nach wie vor Ruhe und Geborgenheit ausstrahlen, gibt es übrigens immer noch. Es sind die vielen älteren Kirchen auf dem Lande, die abseits der Touristenströme liegen.

Das Bistum und das Amt der Bischöfin oder des Bischofs

Frauen sind generell zum Priesteramt zugelassen. Wir leben nicht mehr im Mittelalter. Frauen können auch Bischöfinnen werden. Das Amt der Bischöfin oder des Bischofs braucht es nicht wegen der Lehre von der apostolischen Sukzession, sondern wegen der Notwendigkeit, eine charismatische Persönlichkeit zu haben, welche der Kirche ein gesamtschweizerisches Gesicht und eine einheitliche Stimme gibt. Die Bischöfin oder der Bischof ist in der Schweiz viel unterwegs und hilft den lokalen Pfarrpersonen, die Gläubigen zu betreuen. Die evangelisch-reformierte Landeskirche der Schweiz kennt das Amt des Bischofs bis heute nicht. Die evangelisch-lutherischen Kirchen Deutschlands, Lettlands oder Norwegens haben aber solche Bischofsämter. Dieses Amt widerspricht der evangelischen Tradition also nicht, vor allem nicht der lutherischen. Die Mitglieder der neuen Kirche, welche von der reformierten Tradition herkommen, werden keine Mühe haben, einen Bischof als obersten Kirchenverantwortlichen zu akzeptieren. Anstelle der bisher sechs Bistümer in der Schweiz soll es allerdings nur noch eines geben. Auch ausländische Unternehmen haben in der Schweiz in der Regel nur einen einzigen Statthalter und nicht mehrere. Die Kirche ist zwar kein kommerzielles Unternehmen, bei den Strukturen lassen sich aber betriebswirtschaftliche Vorbilder problemlos heranziehen.

Für den Sitz des Bischofs gelten folgende Bedingungen: Er soll Bescheidenheit, aber Charisma ausstrahlen, einen direkten Bezug zur kirchlichen Geschichte haben und ein Ort der Spiritualität sein. Ein guter Bischofssitz wäre die Abtei und Kathedrale Saint-Maurice im Kanton Wallis. Die Abtei wurde 515 gegründet und ist heute ein Kloster der Augustiner-Chorherren. Das Kloster ist das älteste der Schweiz und zugleich die älteste heute noch aktive monastische Siedlung der christlichen Welt im Westen. Die Abtei beherbergt einen der reichsten Kirchenschätze Europas und gilt immer noch als ein Ort der spirituellen Kraft.[107]

Regionale Verwaltungszentren

Aufgabe der Verwaltungszentren ist die Unterstützung des lokalen Pfarrpersonals in allen administrativen, finanziellen und rechtlichen Belangen. Hierzu gehören das Inkasso der Mitgliedsbeiträge, die Anstellung der Pfarrpersonen, die Koordination von Einsätzen bei Krankheit oder Ferien und die finanzielle Sicherstellung der Ortsgemeinden. Eines der Verwaltungszentren übernimmt zusätzlich zur regionalen die administrative Verantwortung für die gesamte Schweiz. Seine Leiterin oder sein Leiter rapportiert direkt an den Bischof. Die Verwaltungszentren sind dort zu er-

---

107 Abtei Saint-Maurice, Wikipedia, unter: https://de.wikipedia.org/wiki/Abtei_Saint-Maurice (16.9.2018)

richten, wo die meisten Gläubigen leben und wo es deshalb auch am meisten Pfarrpersonal braucht. Die Zentren sind funktionell einzurichten und sollen modernen, aber nicht luxuriösen Bürostandards entsprechen.

Ausbildung

Die Ausbildung der Pfarrerinnen und Pfarrer ist nun Sache der Kirche. Die öffentliche Ausbildung an den Universitäten fällt weg. Die Ausbildung muss professionell, aber nicht akademisch sein. Der Standort der Ausbildung soll in der Nähe des Bischofssitzes liegen, damit der Bischof auf die Lehrinhalte Einfluss nehmen kann. Gute Kandidaten für eine Ausbildung sind vor allem jene, welche bereits eine Berufsausbildung hinter sich haben und erste Erfahrungen im Umgang mit Menschen mitbringen.

3

Planrechnung

3.1

Einnahmen

Heutige Situation: Im Jahre 2007 nehmen die römisch-katholische Kirche und die evangelisch-reformierte Landeskirche 1,35 Mrd. CHF aus Mitgliedsbeiträgen ein und 0,55 Mrd. CHF aus öffentlichen Beiträgen, zusammen also 1,9 Mrd. CHF.[108] Die öffentlichen Beiträge in der Höhe von 550 Mio. CHF stammen aus den Kirchensteuern der juristischen Personen, der direkten Besoldung des Kirchen-Personals oder aus allgemeinen Zuschüssen der öffentlichen Hand.

Neue Situation: Die zukünftigen Einnahmen sinken massiv. Die nichtreligiösen Kirchenmitglieder, welche dem säkularen Christentum beitreten, zahlen keine Steuern mehr. Der Ausfall an Mitgliedsbeiträgen beträgt insgesamt 637 Mio. CHF.[109] Zudem fallen mit der Trennung von Staat und Kirche die öffentlichen Beiträge in der Höhe von 550 Mio. CHF weg. Die neue „Kirche Jesu Christi" kann also in Zukunft mit nur noch 713 Mio. CHF Einnahmen aus Mitgliedsbeiträgen zur Deckung der Kosten rechnen. Die verbleibenden 2,3 Mio. Kirchenmitglieder müssen diese Einnahmen mit einem durchschnittlichen Pro-Kopf-Beitrag von 310 CHF pro Jahr generieren können. Die Hilfe des Staates beim Steuereinzug fällt zukünftig weg. Es stellt sich deshalb die

---

[108] Marti 2010: 77 f. (ohne Kanton Tessin)
[109] Eigene Berechnung auf Basis des Zahlenmaterials Marti 2010: 77 f. und der neuen Konfessionsstatistik nach Kapitel II/2.1.2

Frage, mit welchem Finanzierungsmodell die Einnahmen von 713 Mio. CHF sichergestellt werden können.

Finanzierungsmodell: In Frage kommen zwei Varianten: eine mit freiwilligen Beitragszahlungen und eine mit fixen Jahresbeiträgen. Die Kantone Genf und Neuenburg haben die erste Variante bereits eingeführt. Die folgende Übersicht zeigt die effektiven Zahlungen in den beiden Kantonen im Vergleich zu einigen anderen Kantonen, welche Kirchensteuern erheben:

Kircheneinnahmen natürlicher Personen 2007 pro Kopf und Jahr in CHF[110]

	römisch-katholische Kirche	evangelisch-reformierte Kirche
Aargau	398	432
Basel	381	567
Bern	259	226
Luzern	393	447
St. Gallen	439	467
Zug	295	484
Zürich	282	301
Neuenburg	32	85
Genf	37	149

---

110 Marti 2010: 77 f. Die höheren Pro-Kopf-Beiträge der evangelisch-reformierten Mitglieder lassen auf höhere Einkommen als bei den römisch-katholischen schließen.

Die Jahresbeiträge in Genf und Neuenburg liegen meilenweit entfernt von unserem kalkulierten Betrag von 310 CHF. Die tiefen Pro-Kopf-Beiträge in den Kantonen Neuenburg und Genf sind beschämend. Sie reichen nicht einmal für ein anständiges Nachtessen in einem Restaurant aus. Die Kirchenfinanzierung mit einem System von freiwilligen Beiträgen ist keine gute Lösung. Die Finanzierung der neuen Kirche wäre ungenügend gesichert. Zudem schafft das System planerische Unsicherheit. Die Kirchen haben mit der Besoldung ihrer Pfarrerinnen und Pfarrer hohe Fixkosten. Die freiwilligen Beiträge können von Jahr zu Jahr stark schwanken. Budgets brauchen gesicherte Prognosen, und die fehlen komplett in dieser Finanzierungsvariante. Fixe Jahresbeiträge bringen hingegen die notwendige Finanzierungs- und Budgetsicherheit. Der Vergleich unseres kalkulierten Mitgliederbeitrages von 310 CHF mit den heutigen Beitragszahlungen in anderen Kantonen macht klar, dass die Höhe dieses Beitrages realistisch ist und von den Mitgliedern als Zahlung erwartet werden kann. Die verbleibenden Mitglieder werden die vielen Dienstleistungen der neuen Kirche, vor allem in der Seelsorge, schätzen und ihren Wert anerkennen. Zudem bin ich optimistisch und gehe davon aus, dass es der „Kirche Jesu Christi" gelingen wird, zusätzliche Einnahmequellen zu generieren. In einem staatsunabhängigen Kirchensystem werden private Schenkungen zunehmen. Auch sind Beiträge der öffentlichen Hand für spezifische Leistungen weiterhin denkbar, zum Beispiel für den Erhalt von Kulturgütern. Schließlich finanzieren sich die Kirchen in gewissem Maße auch selber. Sie generieren Erträge aus dem eigenem Vermögen, zum Beispiel aus dem Liegenschaftsbesitz, oder sie erbringen entgeltliche Dienstleistungen an Private.[111]

Ich schätze, dass der „Kirche Jesu Christi" zusätzlich etwa weitere 200 Mio. CHF zufließen werden, sodass Gesamteinnahmen von insgesamt 900 Mio. CHF durchaus möglich sind.

---

111 Marti 2010: 23

3.2

Ausgaben

Wir berechnen jetzt die Kosten der neuen Kirche und prüfen, ob wir mit den Einnahmen von 900 Mio. CHF auskommen. Die Berechnungen basieren auf folgenden Annahmen:

Kirchgemeinde

Eine Kirchgemeinde besteht als Standardeinheit aus einer Pfarrei mit einem Kirchgebäude, einer Pfarrerin oder einem Pfarrer (Vollamt), einer Administrativkraft (Vollamt) sowie aus verschiedenen Teilzeitstellen wie Hauswart, Organist usw., welche zusammen nochmals ein Vollamt ausmachen. Wie hoch ist der Lohn des Pfarrpersonals? Die Löhne variieren in der Schweiz von Kanton zu Kanton stark. In Zürich beginnen die Löhne für das reformierte Pfarrpersonal bei 116.698 CHF und enden bei 172.713 CHF pro Jahr.[112]

In unserem Kostenmodell legen wir einen Jahreslohn inklusive Sozialbeiträge von 120.000 CHF für das gesamte Pfarrpersonal fest, unabhängig von Alter und Dienstzeit. Dieser Betrag gilt als Maximalbetrag, der innerhalb der Kirche ausbezahlt werden kann. Es gilt der Grundsatz, wonach keine Löhne höher sein dürfen als diejenigen des Pfarrpersonals, auch jener des Bischofs nicht. Die Kirche ist kein kommerzielles Unternehmen. Der Bischof ist

---

112 Evangelisch-reformierte Landeskirche des Kantons Zürich: Pfarrerlöhne, Reglement gültig ab 1.1.2018, unter: www.zhref-lohntabellen-2018-pfarrer-innen-180101-hrb.pdf (16.9.2018)

von der Funktion her ein ganz normaler Priester wie alle anderen Pfarrerinnen und Pfarrer auch. Die Administrativkraft sowie das zusätzliche Vollamt werden mit einem Jahreslohn von 90.000 CHF inkl. Sozialbeiträge in die Rechnung eingesetzt. Die Verwaltungs- und Betriebskosten inklusive einer kalkulatorischen Miete für das Kirchgebäude dürfen nicht höher sein als 30 % der Totalkosten einer Kirchgemeinde. Die Kosten einer Kirchgemeinde belaufen sich mit diesen Vorgaben auf 429.000 CHF pro Jahr.

Wie viele Kirchgemeinden braucht die Schweiz, um 2,3 Mio. Gläubige zu betreuen? Eine Kirchgemeinde betreut heute zwischen 2.000 und 3.000 Kirchenmitglieder. Die Empfehlungen liegen allerdings bei einer geringeren Mitgliederzahl. Die evangelisch-reformierte Landeskirche beider Appenzell empfiehlt 1.000-1.400 Gemeindemitglieder pro vollamtlichem Pfarrer.[113] Viel tiefer geht Lukas Kundert, Kirchenratspräsident der evangelisch-reformierten Kirche Basel-Stadt: „So müssten wir uns zum Ziel setzen, dass in 15 Jahren auf 300 Mitglieder mindestens eine Pfarrstelle kommt."[114] Ich teile Kunderts Absicht. Die Kirchen sollen ihre Mitglieder intensiv durch das Leben begleiten können. Mein Problem besteht aber darin, dass die geplanten Einnahmen von 900 Mio. CHF eine solche Relation nicht zulassen. Die Einnahmen erlauben höchstens 1.200 Mitglieder pro Pfarrerin oder Pfarrer. 2,3 Mio. zu betreuende Gläubige machen somit 1.900 Kirchgemeinden notwendig. Die Gesamtkosten aller Kirchgemeinden in der Schweiz inklusive der Verwaltungs- und Betriebskosten betragen mit diesen Annahmen 815 Mio. CHF pro Jahr.

---

113 Evangelisch-reformierte Landeskirche beider Appenzell: Bemessung von Pfarrstellen, Dezember 2003, unter: https://ref-arai.ch/downloads/diverses/download/708/240/34.html, 3 (16.9.2018)

114 Kundert, Lukas: Basel-Stadt: Mehr Pfarrstellen in neuen Rollen, in: Bidungskirche.ch, Ausgabe 1/2015, 2 unter: www.bildungkirche.ch/newsroom/magazin/ausgaben-2015/1-2015-ausgerechnet (16.9.2018)

Bischofssitz

Der Bischofssitz besteht aus dem Bischof und 10 erfahrenen Priestern und Koordinatoren, welche je 120.000 CHF Lohnkosten verursachen. Die Gesamtkosten, welche neben den Personalkosten auch die Verwaltungs- und Betriebskosten enthalten, betragen 2,0 Mio. CHF pro Jahr.

Regionale Verwaltungszentren

Ich gehe davon aus, dass ein Verwaltungszentrum 30 Mitarbeitende braucht. Die Personalkosten betragen durchschnittlich 66.700 CHF pro Mitarbeitendem und Jahr. Die Totalkosten für ein Verwaltungszentrum belaufen sich somit hochgerechnet mit allen anderen Kosten auf 3 Mio. CHF. pro Jahr. Ich schätze, dass 10 solcher Zentren für die ganze Schweiz notwendig sind, um die 1.900 Ortsgemeinden zu betreuen. Die Gesamtkosten für die 10 Verwaltungszentren belaufen sich somit auf 30 Mio. CHF pro Jahr.

Ausbildung

Für die Ausbildung kalkuliere ich 20 Lehrerinnen und Lehrer mit je 120.000 CHF Jahresgehalt ein, die aus meiner Sicht notwendig werden, wenn die öffentlichen Ausbildungsstätten wegfallen. Die Kosten belaufen sich auf einen Gesamtbetrag von 4 Mio. CHF pro Jahr.

Zusammenfassung der Kosten für die neue „Kirche Jesu Christi" pro Jahr und in Mio. CHF

1.900 Kirchgemeinden für 2,3 Mio. Gläubige mit 5.700 Mitarbeitenden	815
1 Bischofssitz mit 11 Mitarbeitenden	2
10 Verwaltungszentren mit 300 Mitarbeitenden	30
1 Ausbildungsstätte mit 20 Mitarbeitenden	4
Reserve	**49**
Totalkosten neue Kirchenstruktur mit 6.031 Mitarbeitenden	**900**

Die Kosten der neuen Kirche entsprechen den geplanten Einnahmen von 900 Mio. CHF. Die Kirchen sind betriebswirtschaftlich so zu führen, dass im Jahresdurchschnitt weder Verluste noch Gewinne anfallen. Die Reserven mit knapp 50 Mio. CHF sind großzügig bemessen, um nichtgeplante Mehrkosten auffangen zu können. Die Kostenrechnung zeigt, dass sich auch mit einer Halbierung der Einnahmen eine neue, erfolgreiche Kirchenstruktur aufbauen lässt. Die 10 Verwaltungszentren mögen ein Wermutstropfen in unserer Vision von einer leichten und strikt religiös ausgerichteten Kirche sein, sie sind aber notwendig, um 2,3 Mio. Gläubige in der Schweiz zu betreuen. Meine Vision sehe ich aber trotzdem als erfüllt: Die Trennung vom Staat macht alle staatskirchenrechtlichen Strukturen mit ihren komplizierten Hierarchien überflüssig. Die beiden großen Monopolkirchen fallen weg und werden durch eine einzige Kirche mit nur noch einem Bistum für die gesamte Schweiz ersetzt.

4

Realitätscheck

Die neue Kirche ist einfach und verständlich strukturiert. Die Kosten entsprechen den Einnahmen. Auch die Pfarrerinnen und Pfarrer profitieren von der Einführung einer neuen Struktur. Die vielen Organe, welche ihnen das Leben bisher mit immer neuen und kleinlichen Reorganisationsvorhaben und Reglementsänderungen so schwer gemacht haben, sind endlich weg. Die Pfarrerinnen und Pfarrer gewinnen ihre berufliche Freiheit zurück. Sie sind zwar nach wie vor einem Bischof als „Chef" unterstellt, dieser hat aber mit 1.900 Pfarrpersonen keine Zeit, sich in ihre Tagesgeschäfte einzumischen. Die Pfarrerinnen und Pfarrer werden ihre Kirchgemeinden selbstbestimmt, verantwortungsbewusst und mit großem persönlichen Engagement in eine neue Zukunft führen. Die Kirchenmitglieder sind schließlich dankbar für die neue Freude und Motivation ihrer Pfarrpersonen und engagieren sich wieder stärker im kirchlichen Alltag.

Das klingt jetzt alles sehr schön. Die neue Kirche hat aber einen großen Haken. Die beiden Großkirchen, die römisch-katholische und die evangelisch-reformierte, werden nicht dazu bereit sein, zu einer einzigen Kirche zusammenzufinden, allen ökumenischen Bemühungen zum Trotz. Der Graben in der Mitte ist nach wie vor zu tief. Vor allem die unterschiedlichen Auffassungen über die kirchlichen Ämter sind unüberbrückbar[115]: Die evangelisch-reformierte Landeskirche hält eisern am Priestertum aller Gläubigen fest, die römisch-katholische am Amtspriestertum. Auch das Papstamt mit einem unfehlbaren Papst an der Spitze ist den Reformierten ein Dorn im Auge. Es verbleiben folgende Optionen:

---

115 Nüssel, Friederike, Sattler, Dorothea: Einführung in die ökumenische Theologie, Darmstadt 2008, 85

Römisch-katholische Kirche

Die römisch-katholische Kirche hat mit dem Papst an der Spitze und der Einheit von Lehre und Kult eine sehr starke Identität. Sie ist im „religiösen Markt" besser positioniert als die evangelisch-reformierte Landeskirche, weshalb ihr auch weniger Mitglieder davonlaufen. Zudem verfügt sie mit der kirchenrechtlichen Struktur über eine gute Ausgangslage, um sich schneller von den staatskirchenrechtlichen Strukturen zu befreien. Ich empfehle der römisch-katholischen Kirche, die neue Struktur unbedingt einzuführen. Sie würde gestärkt aus dem Reformprozess hervorgehen.

Ein Problem bleibt ungelöst, die Zulassung von Frauen zum Priesteramt. Die priesterliche Gleichstellung mag in Europa anders beurteilt werden als in Afrika oder Südamerika mit den nach wie vor patriarchalischen Grundstrukturen, und es wird den Kirchen schwerfallen, allen gerecht zu werden. In den westlichen Gesellschaften ist die Gleichstellung von Mann und Frau aber für fast alle Lebensbereiche Realität geworden, und niemand kann verstehen, weshalb sich ausgerechnet eine Kirche noch als letzte Instanz gegen diese Gleichstellung stemmt. Die römisch-katholische Kirche selbst lässt ihre großen Denker und Lehrer im Regen stehen. Wie hat doch Paulus bereits im Brief an die Galater über die Gleichheit der Menschen geschrieben: „Da ist weder Jude noch Grieche, da ist weder Sklave noch Freier, da ist nicht Mann und Frau. Denn ihr seid alle eins in Jesus Christus."[116] Die heutigen Patriarchen in Rom sollten den großen Theologen Paulus ernst nehmen und die Frauen schnellstmöglich zum Priesteramt zulassen.

---

116 Paulus: Der Brief an die Galater, in Zürcher Bibel 2007: 3,28

Evangelisch-reformierte Landeskirche

Die evangelisch-reformierte Landeskirche hat es schwerer. Sie hängt finanziell am Tropf des Staates und ihre basisdemokratischen Prinzipien verlangen regional starke Strukturen mit legislativen und exekutiven Organen, die kostspielig sind. Aber ihre Zeit als öffentlich-rechtliche Landeskirche ist abgelaufen. Mit nur noch 12% Mitgliedern im Verhältnis zur Schweizer Gesamtbevölkerung lässt sich die Anerkennung eines öffentlichen Interesses nicht mehr einfordern. Die Kirche läuft mit der Trennung vom Staat, einer Halbierung der Einnahmen und mit dem Alleingang Gefahr, in die Bedeutungslosigkeit zu verschwinden. Die Zeit drängt. Falls nichts passiert, wird in ein paar wenigen Jahrzehnten das letzte reformierte Mitglied im Zürcher Großmünster, in welchem schon Huldrych Zwingli als Leutpriester gepredigt hat, das Licht ausmachen und die Türen hinter sich schließen. Und mein ehemaliger Arbeitgeber aus der Studienzeit, der verstorbene Bischof von St. Gallen, genannt „Schelleunder", wird dem letzten Schweizer Reformierten aus der Ferne wohl ohne allzu viel Traurigkeit noch „Tschau Sepp" zurufen.[117]

Die evangelisch-reformierte Kirche ist heute eine Beamten- und Akademikerkirche, welcher der Reformwille fehlt. Sie steckt in der Sackgasse. Persönlich sehe ich bei einem Alleingang und ohne Staatshilfe keinen Ausweg. In meinem langen Berufsleben habe ich gelernt, dass Menschen immer erst dann anfangen zu handeln, wenn das Schiff am Untergehen ist und der Kapitän „alle Mann an Deck" ruft. Das Kirchenschiff der Reformierten wird spätestens dann untergehen, wenn das „Christentum für alle" kommt.

---

[117] „Tschau Sepp" ist ein Jass-Spiel für Anfänger. Die Person, die ihre letzte Spielkarte hinlegen kann, verabschiedet sich laut, aber freundlich mit den Worten „Tschau Sepp" und hat gewonnen.

Literatur

Allgemeine Erklärung der Menschenrechte von 1948, unter: www.ohchr.org/en/udhr/pages/Language.aspx?LangID=ger (21.9.2018)

Bergner, Christoph: 25 Jahre Reform in der Evangelischen Kirche in Hessen und Nassau – eine kleine Bilanz, in: Kirche der Reformation, Hrsg. Kittel, Gisela und Mechels, Eberhard, Göttingen 2016

Berner Münster: Kirchgemeinde, unter: www.bernermuenster.ch/de/kirchgemeinde/organisatin-und-kontakte/ (16.9.2018)

Bibellexikon: Hrsg. Van den Born A., Zürich Köln 1951

Bistum Basel: Über uns, unter: www.bistum-basel.ch/de/Navigation1/uber-uns.html (16.9.2018)

Bonhoeffer, Dietrich: Widerstand und Ergebung, Band 8, 403, München 1998

Bredow, Udo, Mayer, Annemarie C.: Der Mensch – das Maß aller Dinge? 14 Antworten großer Denker, Darmstadt 2001

Brunner, Emil: Christentum und Kultur, Hrsg. Emil-Brunner-Stiftung, Zürich 1979

Bundesamt für Statistik der Schweizerischen Eidgenossenschaft: Ständige Wohnbevölkerung ab 15 Jahren nach Religionszugehörigkeit, BFS 2018, unter: www.bfs.admin.ch/bfs/de/home/statistiken/bevoelkerung/sprachen-religionen/religionen.html (25.9.2018)

Bundesverfassung der Schweizerischen Eidgenossenschaft vom 18. April 1999 (Stand am 1. Januar 2018)

Ernst, Wilhelm: Nächstenliebe, in: Lexikon für Theologie und Kirche, Band 7, Hrsg. Kasper, Walter, Sonderausgabe 2009, Freiburg i. Br. 2009

Europäische Kommission/Citizenship: Europäisches Jahr der Freiwilligentätigkeit 2011, unter: http://ec.europa.eu/citizenship/european-year-of-volunteering/index_de.htm (16.9.2018)

Evangelisch-reformierte Landeskirche des Kantons Zürich: Pfarrerlöhne, Reglement gültig ab 1.1.2018, unter: www.zhref-lohntabellen-2018-pfarrer-innen-180101-hrb.pdf (16.9.2018)

Evangelisch-reformierte Landeskirche beider Appenzell: Bemessung von Pfarrstellen, Dezember 2003, unter: https://ref-arai.ch/downloads/diverses/download/708/240/34.html (16.9.2018)

Goethe, Johann Wolfgang: Faust. Teil 1: Eine Tragödie/Nach der Originalhandschrift von Johann Holtz, Zollikon b. Zürich 1929 (Graphische Kunstanstalt P. Bender), Exemplar der Schweizerischen Nationalbibliothek Bern

Goetz, Alfred: Der Isenheimer Altar: Geschichte, Deutung, Hintergründe, Basel 2011

Grundsatzprogramm der CDU, 21. Parteitag 13.–14. Dezember 2007 in Hannover, Art. 2, unter: www.cdu.de/system/tdf/media/dokumente/071203-beschluss-grundsatzprogramm-6-navigierbar_1.pdf?file=1 (15.9.2018)

Handnotizen (persönlich) aus den Seminaren der theologischen Fakultät der Universität Bern, von 2013–2017

Hauschild, Wolf-Dieter: Lehrbuch der Kirchen- und Dogmengeschichte, Band 1: Alte Kirche und Mittelalter, 4. Auflage, München 2011

Hawking, Stephen: Interview mit dem US-Fernsehsender ABC 2010, zitiert nach: Kotsch, Michael: Der Bibelbund 16.3.2018, unter: https://bibelbund.de/2018/03/zum-tod-von-stephen-hawkings-und-gott-existiert-doch/(16.9.2018)

Hermelink, Jan: Kirchliche Organisation und das Jenseits des Glaubens, München 2011

James, Aaron: Arschlöcher/Eine Theorie, München 2014

Jaspers, Karl: Der philosophische Glaube angesichts der Offenbarung, München 1962

Joas, Hans, Wiegandt, Klaus: Die kulturellen Werte Europas, 5. Auflage, Frankfurt am Main 2010

Kant, Immanuel: Beantwortung der Frage: Was ist Aufklärung?, in: Berlinische Monatsschrift, Dezember 1784, Band 4, Zwölftes Stück, 481–494

Kant, Immanuel: Die Religion innerhalb der Grenzen der Vernunft, Hrsg. Vorländer, Karl, 3. Auflage, Leipzig 1903

Kropf, Catherine, Zürcher Borlat, Regula: Eine neue Religionsverfassung für die Schweiz, Masterarbeit an der Universität Bern, Bern 2017, unter: www.kpm.unibe.ch/unibe/portal/center_generell/b_title_kompcen/k_kpm/content/e69705/e232334/e234053/e659555/e660254/WEBSITE_FINAL_Zrcher_Kropf_ger.pdf, 10 (16.9.2018)

Kundert, Lukas: Basel-Stadt: Mehr Pfarrstellen in neuen Rollen, in: Bildungkirche.ch, Ausgabe 1/2015, unter: www.bildungkirche.ch/newsroom/magazin/ausgaben-2015/1-2015-ausgerechnet (16.9.2018)

Küng, Hans: 20 Thesen zum Christsein, München 1975

Küng, Hans: Das Christentum ist keine Marke, Interview in Welt Online 17.3.2008, unter: www.welt.de/politik/article1807805/Das-Christentum-ist-keine-Marke.html (26.9.2017)

Küng, Hans: Projekt Weltethos, 11. Auflage, München 1990

Küng, Hans: Große christliche Denker, München 1994

Kühn, Manfred: Kant/Eine Biographie, München 2003

Limbach, Jutta: Artikel: Die kulturellen Werte Europas, in: Eckert. Das Bulletin, Nr. 12, Winter 2012, unter: www.gei.de/fileadmin/gei.de/pdf/publikationen/Bulletin/Bulletin_12/EB_12_03_Limbach.pdf, (30.9.2017)

Marti, Michael: Dienstleistungen, Nutzen und Finanzierung von Religionsgemeinschaften in der Schweiz: Synthese des Projektes FAKIR (Finanzanalyse Kirchen) im Rahmen des NFP 58 „Religionsgemeinschaften, Staat und Gesellschaft", Glarus 2010

Müller, Thomas: „Einer tötete, weil der Chef nervte", Interview in der Berner Zeitung vom 3.5.2018

Nietzsche, Friedrich: Die fröhliche Wissenschaft/Wir Furchtlosen, Philosophische Werke, Band 5, Hrsg. Schreier, Claus-Artur, Hamburg 2013

Nüssel, Friederike, Sattler, Dorothea: Einführung in die ökumenische Theologie, Darmstadt 2008

Parteiprogramm der CVP vom 11.1.2014, unter: www.cvp.ch/sites/default/files/CVP_Parteiprogramm_d.pdf (15.9.2018)

Philosophisches Wörterbuch: Demut, Hrsg. Gessman, Martin, Stuttgart 2009

Pfarrei Dreifaltigkeit Bern: Freiwilligenarbeit, Internetportal der römisch-katholischen Kirche im Kanton Bern, unter: www.kathbern.ch/pfarreien-seelsorge/pfarreien/bern-dreifaltigkei/freiwilligenarbeit/ (16.9.2018)

Platon: Theaitetos, bearbeitet von Staudacher, Peter/Deutsche Übersetzung Schleiermacher, Friedrich, Band 6, Darmstadt 1970

Platon: Nomoi, in: Platon Werke, Nomoi, Buch IV-VII, 4,716c, Übersetzung und Kommentar Schöpsdau, Klaus, Göttingen 2003

Ratzinger, Joseph: Auf Christus schauen, Freiburg i.Br. 2007

Reformierte Kirchen Bern-Jura: Freiwilligenarbeit und Ehrenamt in der Kirche, Bern 2000

Reuter, Hans-Richard: Grundlagen und Methoden der Ethik, in: Handbuch der Evangelischen Ethik, Hrsg. Huber, Wolfgang, Meireis, Torsten und Reuter, Hans-Richard, München 2015

Römisch-katholische Kirche in Baselstadt: Kantonalkirche, unter: www.rkk-bs.ch/home (16.9.2018)

Rousseau, Jean-Jacques: Gesellschaftsvertrag, neu übersetzt und herausgegeben von Brockard, Hans, Stuttgart 1977

Schweizerischer Evangelischer Kirchenbund (SEK): Kirchenbund, unter: https://kirchenbund.ch/de# (16.9.2018)

Schweizerisches Strafgesetzbuch vom 21. Dezember 1937 (Stand 1.3.2018)

Seckler, Max: Christentum, in: Lexikon für Theologie und Kirche, Band 2, Hrsg. Kasper, Walter, Sonderausgabe 2009, Freiburg im Breisgau 2009 (Sonderausgabe)

Seneca, Annacus L.: Mächtiger als das Schicksal, Hrsg. Schumacher, Wolfang, Zürich 1999

Shakespeare, William: Hamlet, Akt III, Szene 1: „Hamlet. To be, or not to be: that is the question", in: Shakespeare's Hamlet, Edited by Sidney Lamb, Forster City 2000

St. Marien Basel: St. Marien, unter: https://stmarien-basel.ch/de/st-marien/(16.9.2018)

Stockmeier Johannes: Vorwort zur Studie „Freiwilliges Engagement in Einrichtungen und Diensten der Diakonie, Hrsg. Diakonisches Werk der Evangelischen Kirche in Deutschland e.V., Diakonische Texte/Statistische Informationen 04.2012

Thome, Helmut, in: Die kulturellen Werte Europas, Hrsg. Joas, Hans, Wiegandt, Klaus, 5. Auflage, Frankfurt am Main 2010

Verfassung der Republik und des Kantons Genf vom 14.10.2012 (Stand 5.12.2017)

Straub, Jürgen: Religiöser Glaube und säkulare Lebensform im Dialog, Gießen 2016

Verfassung des Kantons Bern vom 6. Juni 1993 (Stand 11.3.2015)

Von Schirach, Ferdinand: „Nur uns selbst können wir nicht vergeben", Interview im Spiegel, Online-Ausgabe 10/2018

Wikipedia: Redlichkeit, unter: https://de.wikipedia.org/wiki/Redlichkeit (16.9.2018)

Wikipedia: Feiertage in Frankreich, unter: https://de.wikipedia.org/wiki/Feiertage_in_Frankreich (16.9.2018)

Wikipedia: Abtei Saint-Maurice, unter: https://de.wikipedia.org/wiki/Abtei_Saint-Maurice (16.9.2018)

Wikipedia: Apostolisches Glaubensbekenntnis, unter: https://de.wikipedia.org/wiki/Apostolisches_Glaubensbekenntnis (16.9.2018)

Zanni, Bettina: „Ist die Kirche noch für die Menschen da?", in: 20 Minuten vom 23.4.2018, unter: www.20min.ch/schweiz/news/story/Kirche-29016392?httpredirect (16.9.2018)

Zuckerman, Phil, Galen, Luke W., Pasquale Frank L: The Nonreligious, New York 2016

Zürcher Bibel, Zürich 2007

Der Autor

Joachim Otto Mahrer wurde 1947 in der Schweiz geboren. Der Ökonom und Religionstheologe war 23 Jahre lang als CEO tätig und konnte sowohl national als auch international Berufserfahrung sammeln. Der Vater zweier Kinder entschloss sich 2013 zu einem Studium der Theologie. Seine Freizeit widmet er am liebsten kulturellen und intellektuellen Aktivitäten.

novum VERLAG FÜR NEUAUTOREN

Der Verlag

„ *Wer aufhört besser zu werden, hat aufgehört gut zu sein!*

Basierend auf diesem Motto ist es dem novum Verlag ein Anliegen neue Manuskripte aufzuspüren, zu veröffentlichen und deren Autoren langfristig zu fördern. Mittlerweile gilt der 1997 gegründete und mehrfach prämierte Verlag als Spezialist für Neuautoren in Deutschland, Österreich und der Schweiz.

Für jedes neue Manuskript wird innerhalb weniger Wochen eine kostenfreie, unverbindliche Lektorats-Prüfung erstellt.

Weitere Informationen zum Verlag und seinen Büchern finden Sie im Internet unter:

w w w . n o v u m v e r l a g . c o m